한글 맞춤법의
국어학적 해석

한글 맞춤법의 국어학적 해석

1판 1쇄 발행 2025년 11월 12일

저자 김진호

편집 문서아   **마케팅·지원** 이창민

펴낸곳 (주)하움출판사   **펴낸이** 문현광

이메일 haum1000@naver.com   **홈페이지** haum.kr
블로그 blog.naver.com/haum1000   **인스타그램** @haum1007

ISBN 979-11-7374-222-4(03710)

한글 맞춤법의 국어학적 해석

저자 **김진호**

힐움

저자 김진호(金鎭浩)

문학박사(국어학)
가천대학교 리버럴아츠칼리지 교수

저서 및 연구논문

- 『국어 특수조사의 통사·의미 연구』(역락, 2000)
- 『언어학의 이해』(역락, 2004)
- 『재미있는 한국어 이야기』(박이정, 2006)
- 『외국어로서의 한국어학개론』(박이정, 2008)
- 『외국인을 위한 한국어문법-의미 기능편』I, II (공저, 박이정, 2010)
- 『한국어학의 이해』(공저, 역락, 2010)
- 『생활 속 글쓰기의 어문규범』(박이정, 2012)
- 『한국어 지식의 이해와 탐구』(박이정, 2014)
- 『언어생활과 화법』(역락, 2018)
- 『한국어 어문 규범』(박이정, 2022)
- 『한국어 문법의 이해』(역락, 2023)
- 『외국어로서의 한국어학의 이해』(국학자료원, 2025)
- 『한국어 어문 규범의 이해와 평가』(국학자료원, 2025) 외 다수의 연구 논문

이 저서는 2024년도 가천대학교 교내연구비 지원에 의한 결과임.(GCU-202500250001)

한글 맞춤법의 국어학적 해석

김진호 지음

헤음

머리말

한국어 어문 규범은 국민이 공적인 상황에서 의사소통을 효과적으로 할 수 있도록 제정한 말과 글의 규범을 의미한다. '외래어 표기법'과 '국어의 로마자 표기법'을 포함하지만 한국어 어문 규범의 중심은 '한글 맞춤법'과 '표준어 규정'이다.

한글 맞춤법은 일상생활에서 사용하는 국어를 한글로 표기할 때 지켜야 할 규범으로, 표준어를 대상으로 한다. 현행 한글 맞춤법의 총칙 제1항(한글 맞춤법은 표준어를 소리대로 적되, 어법에 맞도록 함을 원칙으로 한다.)에 따르면 표준어의 표기 방식은 크게 두 가지, 즉 표음주의 표기와 형태음소주의 표기를 취한다.

일상생활에서 정확한 언어 표현을 위해서는 한글 맞춤법과 표준어 규정에 대한 이해를 바탕으로 소리대로 적어야 할 경우와 원형을 밝혀 적어야 할 경우를 구분할 수 있어야 할 것이다. 그럼에도 불구하고 의미가 다른 두 표준어가 같은 발음으로 실현되거나 표준어에 대한 구별이 쉽지 않을 경우 잘못된 표기가 빈번하게 발생하게 된다.

본서는 표기에 혼란이 심한 단어 쌍을 음운·형태·문법·의미 등의 국어학적 지식으로 그 정확한 쓰임을 밝히려 애썼다. 이런저런 이유로 표기가 어려웠던 단어들을 정확하게 사용할 수 있음에 본서가 기여할 수 있기를 기대한다. 끝으로 좋은 책으로 만들기까지 도움을 주신 많은 분들께 감사의 인사를 전한다.

김진호
2025. 10. 20.

목 차

제1장

한글 맞춤법 / 표준어 규정 해설

한글 맞춤법과 표준어 사정 규정

'한국 어문 규정'은 한국의 '어'(語:말)와 '문'(文:글)에 관한 규정이다. 즉, 우리말과 우리글을 바르게 쓰려는 사람이 언어생활에서 따르고 지켜야 할 공식적인 기준이다. 따라서 원활한 의사소통과 합리적인 국어 생활을 위해 한국어의 어문 규정(규범)이 필요하다.

1. 한글 맞춤법 표기의 원칙

한글 맞춤법은 '표음주의'와 '형태주의'를 기반으로 한다. '표음주의'는 단어를 소리 나는 대로 적는 방식이며, '형태주의'는 낱말이 서로 다르게 발음되더라도 그것이 같은 낱말일 경우에는 한 형태로 표기하여야 한다는 것이다.

> 제1항 한글 맞춤법은 ①표준어를 ②소리대로 적되, ③어법에 맞도록 함을 원칙으로 한다.

한글 맞춤법 <총칙> 제1항은 한글 맞춤법 전체를 포괄하는 규칙이나 법칙에 해당하는 것으로, 다음의 세 가지 요소로 구성되어 있다.

첫째	한글 맞춤법의 대상은 '표준어'이다.
둘째	표준어를 '소리 나는 대로 적는다'는 것이다.
셋째	표준어를 소리 나는 대로만 적었을 때 발생하는 문제점을 보완하기 위해 '어법에 맞게 적어야 한다'는 것이다.

[꼳] - [꼬치] - [꼰만] / [일거] - [익찌] - [잉는]

표준어 '꽃'의 실제 발음은 [꼳/꼬치/꼰만] 등으로 실현된다. 만약 이를 소리 나는 대로 표기한다면 어떤 문제가 생길까? 또한 [일거/익찌/잉는]의 원형 은 무엇일까? 이처럼 한글을 소리대로 적었을 때, 그 뜻이 쉽게 파악되지 않아 독서의 능률이 떨어진다. 따라서 발음이 다르더라도 같은 형태의 단 어는 항상 동일 형태('꽃', '읽-')로 표기해야 한다.

2. 표준어 사정의 원칙

표준어(標準語)는 한 나라에서 공용어로 쓰는 규범으로서의 언어이자 전 국 민이 공통적으로 쓸 수 있는 자격을 부여받은 단어로, 한글 맞춤법의 표기 대상이다.

> 제1항 표준어는 ①교양 있는 사람들이 두루 쓰는 ②현대 ③서울말로 정 함을 원칙으로 한다.

표준어 사정 원칙 <총칙> 제1항은 표준어 사정의 근본적 조건으로, 세 가 지 요소로 구성되어 있다.

첫째	'교양 있는 사람'이 공식적 자리에서 사용하는 말이 표준어이다.
둘째	교양 있는 사람이 한 시대로서의 '현대'에 사용하는 말이 표준어 이다.
셋째	교양 있는 사람이 한 시대로서의 현대에 사용하는 '서울말'이 표 준어이다.

제2장

한글 맞춤법 /
표준어 용례

1. '갈게' / '갈께'

영희야, 다음 주 월요일까지 숙제해서 ㉠갈께.

부모님 말씀 안 들으면 분명 ㉡후회할껄.

1 형태·의미적 특징

· '-ㄹ게'와 '-ㄹ께'는 표기와 표준 발음의 관계로 표기에 주의해야 한다.

| -ㄹ께 | 어미 '-ㄹ게'의 잘못. |

| -ㄹ게 | 어미 (받침 없는 동사 어간이나 'ㄹ' 받침인 동사 어간 뒤에 붙어) 어떤 행동에 대한 약속이나 의지를 나타내는 종결 어미. |

2 표준 발음법과 한글 맞춤법

· 어미 '-ㄹ게'를 '-ㄹ께'로 잘못 쓰는 것은 실제 발음대로 표기하려는 이유에서이다. 표준 발음법 제27항에 따르면 '-ㄹ게'의 표준 발음이 [-ㄹ께]이기 때문이다.

> 제27항 [붙임] '-(으)ㄹ'로 시작되는 어미의 경우에도 뒤에 연결되는 'ㄱ, ㄷ, ㅂ, ㅅ, ㅈ'은 된소리로 발음한다.
>
> 할걸[할껄]   할밖에[할빠께]   할세라[할쎄라]   할수록[할쑤록]
> 할지라도[할찌라도]   할지언정[할찌언정]   할진대[할찐대]

·그러나 한국어에서 된소리되기는 규칙적이거나 관습적인 현상으로 표기에 반영하지 않는다.

> 예외1: 한 형태소 안에서 이유 없이 된소리로 나는 경우. 예 잔뜩, 살짝, 듬뿍, 몽땅, 오빠
> 예외2: 'ㄱ, ㅂ' 받침 뒤 같은 음절이나 비슷한 음절이 된소리로 나는 경우. 예 쓱싹, 쌉쌀, 똑딱, 딱딱

·'-(으)ㄹ' 뒤에서 된소리로 발음되는 것을 된소리로 적지 않기로 한 내용은 한글 맞춤법 제53항에도 나타나 있다.

> 제53항 다음과 같은 어미는 예사소리로 적는다.
>
> -(으)ㄹ거나, -(으)ㄹ걸, -(으)ㄹ게, -(으)ㄹ세, -(으)ㄹ세라, -(으)ㄹ수록, -(으)ㄹ시, -(으)ㄹ지, -(으)ㄹ지니라, -(으)ㄹ지라도, -(으)ㄹ지어다, -(으)ㄹ지언정, -(으)ㄹ진대, -(으)ㄹ진저, -올시다

※ 의문을 나타내는 '-(으)ㄹ까' '-(으)ㄹ꼬' '-(으)ㄹ쏘냐' 등은 예외여서 된소리로 적는다.

③ 문제 풀이

(풀이) 1. 행동에 대한 약속이나 의지를 나타내는 어미 형태는 '-ㄹ게'이고, [-ㄹ께]는 이의 표준 발음이다.

(풀이) 2. ㉠은 동사 어간 '가-'에 약속, 의지를 뜻하는 종결 어미가 결합한 경우이고, ㉡은 동사 어간 '후회하-'에 추측의 의미를 나타내는 어미가 결합한 경우이다. 양쪽 모두 '-(으)ㄹ'로 시작하는 어미이다.

⇩

• 영희야, 다음 주 월요일까지 숙제해서 ㉠ 갈게 .

• 부모님 말씀 안 들으면 분명 ㉡ 후회할걸 .

4 참고 자료

✎ 1988년 한글 맞춤법이 개정되기 전에는 '-ㄹ께', '-ㄹ껄', '-ㄹ쑤록'으로 표
기했지만, 이후 '-ㄹ게', '-ㄹ걸', '-ㄹ수록'처럼 예사소리로 표기하게 되었
다.

✎ '-ㄹ게'는 자신의 행동에 대한 약속을 나타내는 종결 어미이기에 상대방
의 행동에 대하여 쓰는 것은 어색하다. 따라서 종업원이 '손님'의 행동을
약속하는 "이쪽으로 가실게요. / 앉으실게요."란 표현을 써서는 안 된다.

✎ '-ㄹ게'와 '-ㄹ걸'은 어미로 쓰일 때에는 앞말에 붙여서 '할게', '갈걸'처럼
써야 하지만 의존 명사로 쓰일 때에는 띄어 써야 한다.

· 잔칫상에 먹을√게 없다. → '먹을' + 의·명 '게'(거+-이)
· 마실√걸 좀 따라 주세요. → '마실' + 의·명 '걸'(거+-ㄹ)

5 적용 및 활용

1. 나는 너만 생각할께.
2. 영원토록 너만을 사랑할게.
3. 그녀가 있을 때 좀 더 잘해 줄껄.

2. '강낭콩' / '강남콩'

> ㉠강남콩은 한 살이 과정이 짧아 성장의 변화를 관찰하기 쉽다.

> 오늘부터 식약청에서는 ○○산 ㉡강남콩에 대한 검사에 나섰다.

1 형태·의미적 특징

· '강낭콩'과 '강남콩'은 자음의 발음 변화에 따른 형태를 표준어로 취한 대표적 사례에 해당한다.

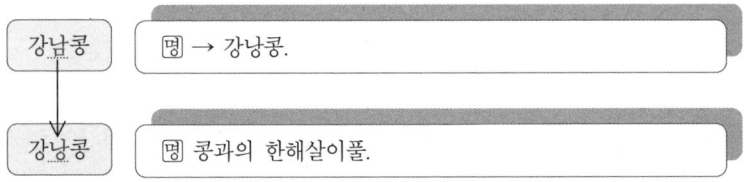

```
강남콩    명 → 강낭콩.

강낭콩    명 콩과의 한해살이풀.
```

2 표준어 및 표준 발음 규정

· '강낭콩'은 한자어 어원 '강남(江南)콩'에서 온 말이다. 하지만 현재 그 어원 의식이 약해져 어원으로부터 멀어진 '강낭콩'을 표준어로 삼는다.

> 제5항 어원에서 멀어진 형태로 굳어져서 널리 쓰이는 것은, 그것을 표준어로 삼는다.(ㄱ을 표준어로 삼고, ㄴ을 버림.)
>
> | ㄱ | ㄴ | 비고 |
> |---|---|---|
> | 강낭-콩 | 강남-콩 | |
> | 고삿 | 고샅 | 겉~. 속~. |
> | 사글-세 | 삭월-세 | '월세'는 표준어임. |

• 한편, '강낭콩', '사글세'와 달리 한자어 어원 의식이 희박해지면서 모음의 발음 변화에 따른 형태를 표준어로 삼는 경우도 있다.

호도 → 호두	/	앵도 → 앵두
자도 → 자두	/	장고 → 장구
주초 → 주추	/	지리하다 → 지루하다
맹서 → 맹세	/	주착(主着) → 주책

※ 1. '주착(主着)'의 모음 변화 형태는 '주책없다/주책이다'를 참조하면 된다.
2. 한자어의 어원 의식이 약해져 모음의 발음 변화를 표준어에 반영하는 용례가 있는 반면 한자어의 어원 의식이 강하게 남아 있는 단어들은 한자어 형태 그대로를 표준어로 삼는다. '부조(扶助), 사돈(査頓), 삼촌(三寸)' 등이다.

• '강남콩'의 '남'을 '낭'으로 발음하는 이유는 일종의 동화 현상인 연구개음화에 의한 발음의 편리성 때문이다.

강남콩 : ㅁ(비음) + ㅋ(연구개음) → ㅇ(연구개음) + ㅋ(연구개음) > 강낭콩

※ 현행 표준 발음법 제21항의 규정처럼 '연구개음화'(감기[감 : 기/×강 : 기]와 '양순음화'(문법[문뻡/×뭄뻡]에 의한 발음은 표준 발음으로 인정하지 않는다.

③ 문제 풀이

(풀이) 1. '콩과의 한해살이풀'이라는 단어는 한자어 '강남(江南)-콩'에서 왔다. '강남(江南)'은 중국 양쯔강(揚子江)의 남쪽으로, '강남 갔던 제비', '친구 따라 강남 간다.'로 쓰였다. '강남'은 '남쪽의 먼 곳' 또는 기후가 따뜻해서 수확물이 많아 옛사람들이 돈을 벌기 위해 친구 따라 간 곳이다.

(풀이) 2. ㉠에는 '강남'의 둘째 받침의 발음 변화를 반영한 형태가 쓰여야 한다. ㉡의 형태는 1988년 개정 한글 맞춤법에서 표준어로 삼은 형태로, 수정할 필요가 없다.

⇩

- ㉠ 강낭콩 은 한 살이 과정이 짧아 성장의 변화를 관찰하기 쉽다.
- 오늘부터 식약청에서는 ○○산 ㉡ 강낭콩 에 대한 검사에 나섰다.

④ 참고 자료

✎ '강낭콩'의 역사적 변천 과정에 대한 사전적 정보는 다음과 같다.

강남콩(16세기) > 강남콩(19세기) > 강낭콩(20세기~현재)

※ 현대 국어 '강낭콩'의 옛말인 '강남콩'은 16세기 문헌에서부터 나타난다. 16세기에 받침 'ㆁ'이 'ㅇ'으로 표기되면서 '강남콩'이 되었을 것인데 '강남콩'이 문헌에서 확인되는 것은 19세기이다. 제2음절의 말음 'ㅁ'이 제3음절의 첫음 'ㅋ'의 영향을 받아 'ㅇ'으로 변하여 '강낭콩'이 되면서 현재에 이르렀다.

⑤ 적용 및 활용

1. 강낭콩을 까다.
2. 아이들은 콩류의 하나인 강낭콩을 잘 먹지 않는다.
3. '강남콩/강낭콩' 중 옳은 표현이 무엇인지 관심이 모아졌다

3. '게양대' / '계양대'

최근 신축된 아파트에는 태극기 ㉠계양대가 없다.

수업 후, 국기 ㉡게양대 앞에서 만나서 같이 가자.

1 형태·의미적 특징

· 모음 'ㅐ'와 'ㅔ'의 발음 구별이 쉽지 않아 '찌게'라는 잘못된 표기가 많이 나타난다. 이와 유사한 형태에 '게양대'와 '*계양대'가 있다.

| 게양-대
揭揚臺 | 명 기(旗) 따위를 높이 걸기 위하여 만들어 놓은 대(臺). |

↳ '게양(揭揚)'은 '높이 거는 일'이란 뜻이며, 이때 '게'(揭)의 본음과 현실 발음은 모두 '게'이다.

2 한글 맞춤법 제8항, 표준 발음법 제5항 규정

· '게양대'를 '계양대'로 표기하는 이유는 한글 맞춤법 제8항을 잘못 적용한 결과라고 볼 수 있다.

제8항 '계, 례, 몌, 폐, 혜'의 'ㅖ'는 'ㅔ'로 소리 나는 경우가 있더라도 'ㅖ'로 적는다.(ㄱ을 취하고, ㄴ을 버림.)

ㄱ	ㄴ	ㄱ	ㄴ
계수(桂樹)	게수	혜택(惠澤)	혜택
사례(謝禮)	사레	계집	게집
연몌(連袂)	연메	핑계	핑게

· 한편, 이중 모음 'ᅨ'가 [ㅔ]로 소리 나는 경우에 대한 규정은 표준 발음법 제5항이다.

제5항 'ㅑ ㅒ ㅕ ㅖ ㅘ ㅙ ㅛ ㅝ ㅞ ㅠ ㅢ'는 이중 모음으로 발음한다.

다만 2. '예, 례' 이외의 'ᅨ'는 [ㅔ]로도 발음한다.
  계집[계:집/게:집]   계시다[계:시다/게:시다]
  혜택[혜:택/헤:택](惠澤)   지혜[지혜/지헤](智慧)

· 그러나 '게양대'는 [게양대]로 소리 날 뿐, [계양대]로 소리 날 수 없다. 왜냐하면 '게양대'는 한자어 '게양'(揭揚)과 '대'(臺)의 합성어로, 이들 한자의 본음대로 적은 것이기 때문이다.

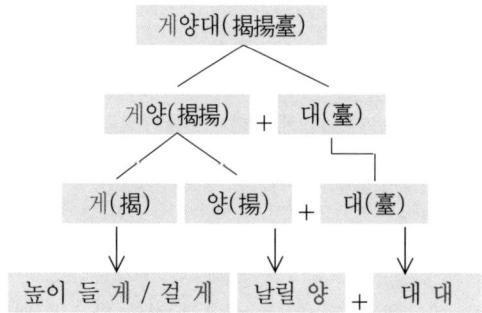

③ 문제 풀이

(풀이) 1. '기 따위를 높이 걸기 위해 만든 대'의 의미를 지닌 단어의 형태를 찾아야 한다. 이 단어는 발음과 관련하여 이중 모음 'ᅨ'와 관련이 없다.

(풀이) 2. 한글 맞춤법의 첫 번째, 즉 '소리 나는 대로 적는다.'는 기본 원칙에 따라 한자어 '揭(게)揚臺'의 본음을 정확히 알아야 한다.

⇩

- 최근 신축된 아파트에는 태극기 ㉠ 게양대 가 없다.
- 수업 후, 국기 ㉡ 게양대 앞에서 만나서 같이 가자.

4 참고 자료

✎ '게양', '게양대'의 '게'(揭)처럼 한자어 본음대로 적어야 하는 표기 중, 주의해야 할 단어는 다음과 같다.

① '게/계'는 부처의 공덕이나 가르침을 찬탄하는 노래 글귀이다.
② 규정에 대한 변경 내용은 '게시판/계시판'을 참고하기 바랍니다.
③ 운전하다가 졸릴 경우에는 잠시 '휴게실/휴계실'에서 눈 좀 붙여라.

↓

'게/계', '게시판/계시판', '휴게실/휴계실'에서 바른 표기는 '게'로 표기된 형태들이다. 이들 한자어 '게'(偈), '게'(揭), '게'(憩)의 본음이 모두 '게'이기 때문이다.

✎ '게'와 결합하는 단어 중, '게거품', '게걸음', '게딱지' 등이 있다. 이 중, '게거품'을 '*개거품'으로 잘못 사용하는 경우가 많아 주의가 필요하다.

게-거품	명 1. 사람이나 동물이 몹시 괴롭거나 흥분했을 때 입에서 나오는 거품 같은 침. 2. 게가 토하는 거품.
게-걸음	명 게처럼 옆으로 걷는 걸음.

게-딱지	명 1. 게의 등딱지. 2. 집이 작고 허술함을 비유적으로 이르는 말.

※ 한편, '게'의 형태를 취하는 단어 중, 표기에 어려움이 있는 대표적인 예로 '육개장'과 '닭개장'이 있다. 이들은 '개장국'(개고기를 여러 가지 양념, 채소와 함께 고아 끓인 국)에서 온 말이다. '닭개장'은 쇠고기 대신 닭고기를 넣어 육개장처럼 끓인 음식으로, '닭계장'으로 표현할 수 없다. 이를 '삼계탕'과 혼동하지 말아야 한다.

⑤ 적용 및 활용

1. 곳곳에 있는 국기 '계양대'에 태극기가 걸려 있다.
2. 학과 사무실 계시판의 공지 사항을 잘 살펴야 한다.
3. 그 두 사람은 서로 입에 게거품을 물고 논쟁을 하고 있다.

4. '금세' / '금새'

> 인터넷의 발전으로 근거 없는 뉴스가 ㉠금새 퍼지고 있다.

> ㉡'금세(를)치다.'는 '물건값이 얼마 정도라고 정하다.'는 뜻이다.

① 형태·의미적 특징

· '금세'와 '금새'는 품사와 의미가 다른 단어로, 구별해 사용해야 한다.

금세	🔹지금 바로. '금시에'가 줄어든 말로 구어체에서 많이 사용된다.

금새	🔹 물건의 값. 또는 물건값의 비싸고 싼 정도.

※ '금세'와 달리 명사적 의미 기능의 '금새'는 현대인의 언어생활에 잘 쓰이지 않는다. 발음이 유사한 관계로 '금세'의 잘못된 표기 형태로 나타난다.

② 본말과 준말의 관계

· '금세'는 본말인 '금시에'가 줄어든 말이다.

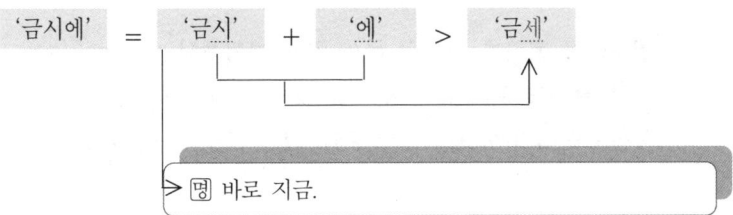

'금시에' = '금시' + '에' > '금세'

🔹 바로 지금.

3 문제 풀이

(풀이) 1. '금세'와 '금새'는 각각 표준어로 의미를 구별해야 하는 단어이다. 부사로 '지금 바로'의 의미를 지닌 단어는 '금세'이고, 명사인 '금새'는 '물건값'이란 의미를 지닌다.

(풀이) 2. ㉠에는 서술어를 수식하는 부사 용법의 단어가 쓰여야 한다. ㉡에는 관용구로 쓰이는 문장으로, 명사 용법의 단어가 쓰여야 한다.

⇩

- 인터넷의 발전으로 근거 없는 뉴스가 ㉠ 금세   퍼지고 있다.
- ㉡' 금새   (를) 치다.'는 '물건값이 얼마 정도라고 정하다.'는 뜻이다.

4 참고 자료

✎ 모음 'ㅐ'와 'ㅔ'의 차이로 혼동을 겪는 형태 중에 '고새', '그새', '요새' 등이 있다. 이들 단어의 구성은 다음과 같다.

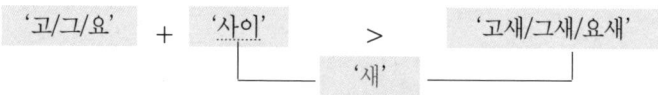

5 적용 및 활용

1. 행사장은 밀려온 인파로 금세 가득 채워졌다.
2. 요새 날마다 일찍 일어나 아침 산책을 다닌다.
3. 삼삼오오 모이는 관객들로 무대 앞은 금세 가득 찬다.

5. '깍두기' / '깍뚜기' / '깍둑이'

김치 판매	김치 판매
파김치　배추김치　㉠깍두기	파김치　배추김치　㉡깍뚜기

① 형태·의미적 특징

깍두기	圆 무를 작고 네모나게 썰어서 소금에 절인 후 고춧가루 따위의 양념과 함께 버무려 만든 김치.

※ 어느 쪽에도 끼지 못하는 사람이나 그런 신세를 비유적으로 이르기도 한다.

깍뚜기	→ 깍두기.

② 한글 맞춤법의 조항

· 한글 맞춤법 총칙 제1항

> 표준어를 ❶소리대로 적되, ❷어법에 맞도록 함을 원칙으로 한다.

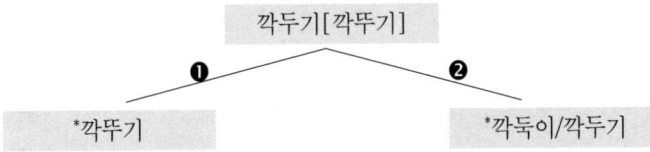

깍두기[깍뚜기]
❶ *깍뚜기
❷ *깍둑이/깍두기

※ ❶의 '*깍뚜기'는 '깍두기'의 발음대로 적은 것이고, ❷의 '*깍둑이'는 '깍둑거리
다(조금 단단한 물건을 대중없이 자꾸 썰다.)'의 어근을 밝혀 적은 형태이다.

· 한글 맞춤법 총칙 제5항

제5항 한 단어 안에서 뚜렷한 까닭 없이 나는 된소리는 다음 음절의 첫
소리를 된소리로 적는다.

    1. 두 모음 사이에서 나는 된소리
      소쩍새, 어깨, 오빠, 으뜸, 아끼다, 가끔, 거꾸로, 부썩
    2. 'ㄴ, ㄹ, ㅁ, ㅇ' 받침 뒤에서 나는 된소리
      산뜻하다, 잔뜩, 살짝, 훨씬, 담뿍, 움찔, 몽땅, 엉뚱하다

ㄴ '깍두기'는 제5항의 1과 2에 해당하지 않는 단어이다. 따라서 '깍뚜기'
   의 된소리로 적지 아니한다.

· 한글 맞춤법 총칙 제5항의 '다만'

다만, 'ㄱ, ㅂ' 받침 뒤에서 나는 된소리는, 같은 음절이나 비슷한 음절
이 겹쳐나는 경우가 아니면 된소리로 적지 아니한다.

    국수 깍두기 딱지 색시 싹둑(~싹둑) 법석 갑자기 몹시

ㄴ '깍두기'는 'ㄱ' 받침 뒤에서 된소리 [깍뚜기]로 발음된다. 그러나 같은
   음절이나 비슷한 음절이 겹쳐나는 경우가 아니기에 '깍뚜기'의 된소
   리로 적지 아니하는 것이다.

· 한편, 'ㄱ, ㅂ' 받침 뒤의 같은 음절이나 비슷한 음절이 겹쳐 된소리 발음
 이 나는 다음의 경우에는 된소리로 적어야 한다.

똑닥똑닥 → **똑딱똑딱** / 쓱삭쓱삭 → **쓱싹쓱싹** / 쌉살하다 → **쌉쌀하다**

∴ 한글 맞춤법 제5항에 따라, '깍두기'는 된소리[깍뚜기]로 발음나지만 소리대로 적지 않는다. 따라서 ❶의 표기는 규칙에 어긋난 표기이다.

· '깍둑이'와 '깍두기'의 문법성 판단

> 제23항 '-하다'나 '-거리다'가 붙는 어근에 '-이'가 붙어서 명사가 된 것은 그 원형을 밝히어 적는다. [붙임] '-하다'나 '-거리다'가 붙을 수 없는 어근에 '-이'나 또는 다른 모음으로 시작되는 접미사가 붙어서 명사가 된 것은 그 원형을 밝히어 적지 아니한다.

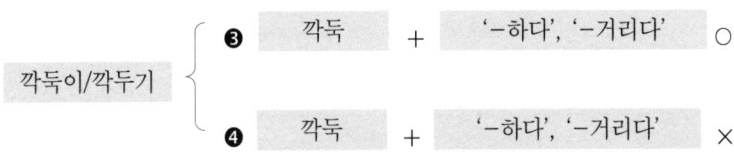

어근 '깍둑'의 성격에 따라 ❸의 '깍둑이'가 바른 표기일 수 있거나 ❹의 '깍두기'가 바른 표기일 수 있다. 그런데 '-거리다'가 붙을 수 있는 '깍둑거리다'의 어근 '깍둑'은 '무를 작고 네모나게 썰어서 소금에 절인 후 고춧가루 따위의 양념과 함께 버무려 만든 김치'라는 의미의 '깍두기'와는 관련 없다. 따라서 '깍두기'는 '-하다'와 '-거리다'와 붙을 수 없는 어근 '깍둑'과 모음의 접미사가 결합한 것으로 그 원형을 밝혀 적지 않고 소리 나는 대로 적은 것이다.

③ 문제 풀이

(풀이) 1. ㉠의 표준 발음은 ㉡이다. 한글 맞춤법은 소리 나는 대로 표기하는 것을 원칙으로 하되 원형을 밝혀 적는 경우를 규정하고 있다.

(풀이) 2. 한글 맞춤법 제5항의 규정에 따라 받침 'ㄱ' 뒤의 된소리 발음은 표기에 반영하지 않는다. 그리고 한글 맞춤법 제23항의 규정에 따라 '깍둑'의 원형을 밝혀 적지 않고 뒤의 모음과 소리 나는 대로 적어야 한다.

⇩

• **김치 판매: 파김치　배추김치** ㉠/㉡ 깍두기

④ 참고 자료

✎ '깍두기'의 된소리 발음 [깍뚜기]는 표준 발음법 제23항을 준수한다.

> 제23항 받침 'ㄱ(ㄲ, ㅋ, ㄳ, ㄺ), ㄷ(ㅅ, ㅆ, ㅈ, ㅊ, ㅌ), ㅂ(ㅍ, ㄼ, ㄿ, ㅄ)' 뒤에 연결되는 'ㄱ, ㄷ, ㅂ, ㅅ, ㅈ'은 된소리로 발음한다.

· 표준 발음법 제23항(경음화)의 음운적 환경은 예외가 적용되지 않는 필수적 환경이다. 따라서 된소리되기 환경에 놓인 '깍두기' 역시 필수적으로 [깍뚜기]로 발음이 난다.

✎ 표준 발음법 제23항의 '경음화' 현상에 의한 발음은 표기에 반영하지 않는다. 왜냐하면 그 환경에서는 항상 된소리로 발음되기 때문이다.

⑤ 적용 및 활용

> 1. 탕 음식에는 역시 깍뚜기/깍둑이가 최고야.
> 2. 방학을 앞두고 교실 안이 떠들썩하다.
> 3. 어찌나 조용한지 똑딱똑딱 시계 소리가 크게 들릴 정도이다.

6. '깡충깡충' / '깡총깡총'

귀여운 토끼가 산과 들을 ㉠'깡
총깡총'/ ㉡'깡충깡충' 뛰어다니
네요.

1 형태·의미적 특징

깡충깡충   閉 짧은 다리를 모으고 자꾸 힘 있게 솟구쳐 뛰는 모양.

깡총깡총   閉 '깡충깡충(짧은 다리를 모으고 자꾸 힘 있게 솟구쳐 뛰
는 모양)'의 잘못.

2 한글 맞춤법 및 표준어 규정

· 한글 맞춤법 제16항은 모음의 자질에 따른 표기를 규정하고 있다.

> 제16항 어간의 끝음절 모음이 'ㅏ, ㅗ'일 때에는 어미를 '-아'로 적고,
> 그 밖의 모음일 때에는 '-어'로 적는다.
>
> 나아   나아도 나아서
> 되어   되어도 되어서

· 모음조화는 동일한 성격의 모음끼리 어울리는 동화 현상이다. 즉, 양성
모음(ㅏ, ㅗ, ㅐ)은 양성 모음끼리 그리고 음성 모음(ㅓ, ㅜ, ㅔ)은 음성 모
음끼리 어울리는 현상이다.

· 모음조화 현상은 중세 국어 시기에 철저히 지켜졌다. 그 후, 시간이 지나면서 어간 뒤에 결합하는 어미, 의성어나 의태어 등과 같은 특수한 경우에서만 지켜지고 있다.

· 그러나 모음조화 현상은 오늘날에는 더욱 약해지고 있는 실정이다. 대체로 양성 모음이 음성 모음으로 바뀌는 형태로 나타난다.

· 표준어 규정 제8항은 양성 모음이 음성 모음으로 바뀌어 굳어진 형태를 표준어로 삼는 경우를 설명하고 있다.

제8항 다음 단어는 음성 모음 형태를 표준어로 삼는다.(ㄱ을 표준어로 삼고, ㄴ을 버림.)

ㄱ	ㄴ	비고
-둥이	-동이	←童-이. 귀-, 막-, 선-, 쌍-, 검-, 바람-, 흰-.
아서, 아서라	앗아, 앗아라	하지 말라고 금지하는 말.
오뚝-이	오똑-이	부사도 '오뚝-이'임.

※ '둥-이'는 한자어 '童-이'의 원형을 의식하지 않고 음성 모음화한 형태를 표준어로 삼았다.
※ '아서, 아서라'는 '빼앗다'는 의미에서 멀어져 발음 나는 '아사, 아사라'로 적은 후 음성 모음 형태를 취한 것이다.

3 문제 풀이

(풀이) 1. 현대 국어에서 모음조화를 따르지 않는 형태를 표준어로 정하는 단어가 있다.

(풀이) 2. 양성 모음 'ㅗ'를 음성 모음 'ㅜ'로 바꾸어 발음하는 언중들의 언어 현실을 표기에 반영하였다.

⇩

- 귀여운 토끼가 산과 들을 ㉠/㉡ ［깡충깡충/껑충껑충］ 뛰어 다니 네요.

4 참고 자료

✎ 일반적으로 양성 모음은 어감이 밝고 산뜻하며 작은(약한) 느낌을 주는 반면 음성 모음은 어감이 어둡고 무거우며 큰(강한) 느낌을 준다. 따라서 '깡충깡충'의 큰말인 표준어는 '껑충껑충'이다.

✎ '뱉다[밷:따]와 '얇다[얄:따]는 어간 끝 모음이 양성 모음이기에 '-아'계열의 어미가 연결되는 것이 자연스러운데 그 결과는 다르다.

'뱉-' + '-아' / '-아서' ⇨ *뱉아 / *뱉아서

뱉어 / 뱉어서 : 모음조화 파괴

'얇-' + '-아' / '-아서' ⇨ 얇아 / 얇아서 : 모음조화 준수

✎ 모음 '一'는 위치에 따라 양성과 음성의 자질을 지니고 있어 뒤에 연결되는 모음의 어미 형태가 달라진다.

❶ 어두의 '一'(음성 자질) + '-어': '쓰-' → 써서 – 썼다

❷ 비어두 '一'(음성 자질) + '-어': '치르-' → 치러서 – 치렀다

❸ 비어두 '一'(양성 자질) + '-아': '담그-' → 담가서 – 담갔다

✎ 'ㅂ' 불규칙 용언은 어간과 모음 어미와 만나 활용할 때, 무조건 '워'로 표기한다.

'춥다' :	추워 – 추워서 – 추워라 – 추웠다
'가깝다' :	가까워 – 가까워서 – 가까워라 – 가까웠다
'아름답다' :	아름다워 – 아름다워서 – 아름다워라 – 아름다웠다

※ 단, 이들 용언 중, '곱다', '돕다'만 '고와', '도와'로 활용한다.

5 적용 및 활용

1. 부부는 쌍둥이를 원했다.
2. 길거리에 함부로 침을 뱉아서는 안 된다.
3. '사둔, 삼춘, 부주' 등은 어원을 의식하여 적어야 돼.

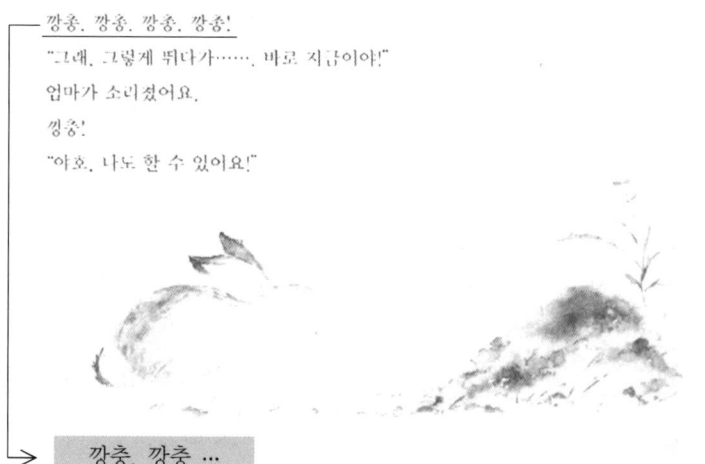

깡총, 깡총, 깡총, 깡총!
"그래, 그렇게 뛰다가…… 바로 지금이야!"
엄마가 소리쳤어요.
껑충!
"야호, 나도 할 수 있어요!"

→ 깡충, 깡충 …

7. '꼽다' / '꽂다'

> 오늘 산 꽃을 꽃병에 ㉠꼽았다.

> 방학이 얼마 남았는지 손으로 ㉡꽂아보니 며칠 남지 않았다.

1 의미적 특징

· '꼽다'와 '꽂다'는 받침의 형태와 의미가 다른 단어지만 발음이 유사하여 혼동하기 쉽다. 의미 차이를 고려하여 구별 사용해야 한다.

꼽다	图 1. 수나 날짜를 세려고 손가락을 하나씩 헤아리다. 2. 골라서 지목하다.

꽂다	图 1. 쓰러지거나 빠지지 아니하게 박아 세우거나 끼우다. 2. 내던져서 거꾸로 박히게 하다. 3. 윷놀이에서, 말을 뒷밭에 놓다. 4. 시선 따위를 한곳에 고정하다.

· 위 두 단어의 의미를 바탕으로, 예문의 적절한 표현을 찾아보자.

> ① 이 시계는 내가 아끼는 물건 중 하나로 꼽는다(√) / 꽂는다(   ).

> ② 전기 콘센트에 충전기 플러그를 꼽아라(   ) / 꽂아라(√).

※ 일상생활에서는 ①처럼 '꼽다'를 써야 할 문장에 '꽂다'로 잘못 사용하기보다는 ②의 '꽂다'를 써야 할 문맥에서 '꼽다'로 잘못 표기하는 사례가 많다.

· '꼽다'의 활용 방식과 관련 어휘 및 용례는 다음과 같다.

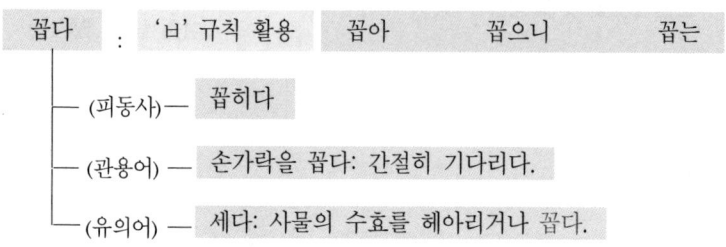

꼽다 : 'ㅂ' 규칙 활용   꼽아   꼽으니   꼽는

— (피동사)— 꼽히다

— (관용어) — 손가락을 꼽다: 간절히 기다리다.

└─ (유의어) — 세다: 사물의 수효를 헤아리거나 꼽다.

'꼽다'의 용례

· 졸업식 날짜가 언제인지 꼽아 보았다.
· 21세기 과학계에서는 ○○○을 최고의 권위자로 꼽았다.
· 많은 사람들이 가장 심각한 사회문제로 '노후생활 보장'을 꼽았다.

· '꽂다'의 활용 방식과 관련 어휘 및 용례는 다음과 같다.

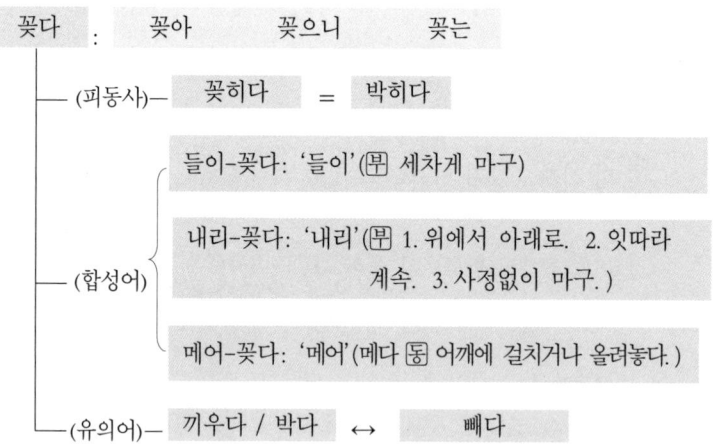

꽂다 :   꽂아   꽂으니   꽂는

— (피동사)— 꽂히다   =   박히다

— (합성어)
　들이-꽂다: '들이'(閉 세차게 마구)

　내리-꽂다: '내리'(閉 1. 위에서 아래로. 2. 잇따라 계속. 3. 사정없이 마구.)

　메어-꽂다: '메어'(메다 圖 어깨에 걸치거나 올려놓다.)

└─ (유의어)— 끼우다 / 박다   ↔   빼다

‘꽂다’의 용례

· 옛날 여성들은 머리에 비녀를 꽂았다.
· ○○Q, 미 대륙 절반에 ‘K-치킨’ 깃발 꽂다.
· 우유를 흘리지 않으려면 빨대를 꽂아 마시면 된다.

③ 문제 풀이

(풀이) 1. ㉠에는 ‘~을 ~에’의 구문에서, ‘쓰러지거나 빠지지 아니하게 박아 세우거나 끼우다.’는 의미의 동사를 써야 한다.

(풀이) 2. ㉡에는 방학을 기다리는 화자가 손가락으로 날짜를 헤아리는 상황에 알맞은 동사를 써야 한다.

⇩

• 오늘 산 꽃을 꽃병에 ㉠ 꽂았다 .
• 방학이 얼마 남았는지 손으로 ㉡ 꼽아보니   며칠 남지 않았다.

④ 참고 자료

✎ ‘꽂다’의 어간에 접미사 ‘-이’가 결합한 ‘꽂이’의 조어력이 생산적이다.

| 낚싯대꽂이 | 냅킨꽂이 | 편지꽂이 |
| 붓꽂이 | 책꽂이 | 꽃꽂이 |

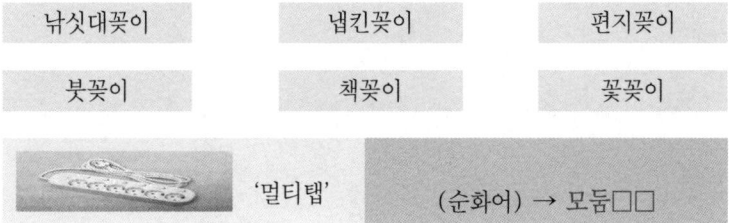

‘멀티탭’   (순화어) → 모둠□□

✎ 식물의 가지, 줄기, 잎 따위를 자르거나 꺾어 흙 속에 꽂아 뿌리 내리게
하는 일을 '꺾꽂이'라 한다.

가지꽂이	줄기꽂이	잎꽂이

5 적용 및 활용

1. 서가에 책을 꽂다.
2. 이번 추석 연휴가 얼마 남았는지 꼽아 보렴.
3. 외출할 때에는 전원 콘센트에 꽂힌 플러그를 뽑아라.

8. '낫다' / '낳다'

오늘 하루 푹 쉬고 빨리 감기 ㉠낳으세요.

그녀는 아기를 ㉡낫고 병원에서 몸조리하고 있어요.

① 의미적 특징

| 낫다 | 동 병이나 상처 따위가 고쳐져 본래대로 되다. |

| 낫다 | 형 보다 더 좋거나 앞서 있다. |

※ 동사 '낫다'와 형용사 '낫다'는 서로 의미가 다른 동음이의어 관계에 있다.

| 낳다 | 동 1. 배 속의 아이, 새끼, 알을 몸 밖으로 내놓다. 2. 어떤 결과를 이루거나 가져오다. 3. 어떤 환경이나 상황의 영향으로 어떤 인물이 나타나도록 하다. |

낫다 / 낳다
· 병이 씻은 듯이 ☐☐.
· 형이 동생보다 더 ☐☐.

낫다 / 낳다
· 아이를 ☐☐.
· 좋은 결과를 ☐☐.
· 그는 한국이 ☐☐ 천재다.

2 형태적 특징

• '낫다': 'ㅅ' 불규칙 용언으로 다음과 같이 활용한다.

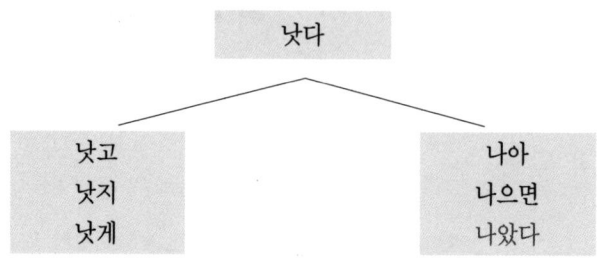

• '낳다': 'ㅎ' 규칙 용언으로 다음과 같이 활용한다.

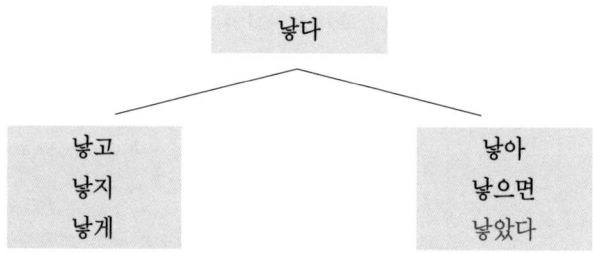

3 문제 풀이

(풀이) 1. '낫다'와 '낳다'는 서로 다른 상황에서 쓰이는 말로 구별해 사용해야 한다.

(풀이) 2. ㉠에는 '질병'(疾病)과 관련한 상황에서 '치유' 또는 '치료'의 의미를 나타내는 '낫다'의 활용형을 표기해야 하며, ㉡에는 '출산'(出産)과 관련한 '낳다'의 활용형을 표기해야 한다.

⇩

- 오늘 하루 푹 쉬고 빨리 감기 ㉠ 나으세요 .

- 그녀는 아기를 ㉡ 낳고 병원에서 몸조리하고 있어요.

④ 참고 자료

✎ '낫다'는 '나다'와 구별해야 한다. 먼저 이 두 형태의 의미는 아래에서 보
  듯 다르다.

. 낫다 : 앞의 의미 참조.

. 나다 : 동 1. 신체 표면이나 땅 위에 솟아나다. 2. 길, 통로,
         창문 따위가 생기다. 3. 어떤 사물에 구멍, 자국 따위
         의 형체 변화가 생기거나 작용에 이상이 일어나다.

✎ '낫다'와 '나다'의 과거형 표기 역시 구별해 사용해야 한다.

❶ 몸살이 나서 약을 먹고 푹 쉬었더니 몸살이 *났다.
❷ 몸살이 나서 약을 먹고 푹 쉬었더니 몸살이 나았다.

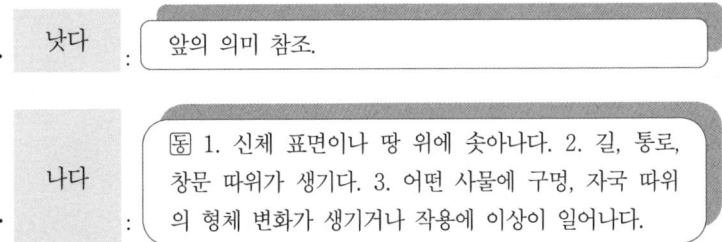

. 낫다 : 낫+았+다 > 나았다 = (치료·치유)

. 나다 : 나+았+다 > 났다 = (발생·출생)

✎ '낳다'와 '나다' 역시 구별해 사용해야 한다. '나다'에 '생명체가 태어나
  다.'는 의미가 있어 '낳다'와 유사하다. 다만, 이 두 형태는 문장 구성에
  분명한 차이가 나타난다.

· 낳다 : 무엇이 무엇을 낳다. 예 닭이 알을 낳다.

· 나다 : 무엇이 어디에서 나다. 예 그는 부산에서 나서 자랐다.

5 적용 및 활용

1. 감기 빨리 낳으세요.
2. 백지장도 맞드는 것이 났습니다.
3. 시골 마을의 굴뚝에서 연기가 낫다.

낫다 vs 낳다

9. '너머' / '넘어'

자연인은 산 ㉠넘어 마을의 골짜기에 거주하고 있다.

산삼과 더덕 등 약초를 캐려면 저 산을 ㉡너머가야 한다.

① 형태·의미적 특징

· '너머'와 '넘어'는 발음이 같고 의미도 비슷하지만 동작성의 유무로 구별해 사용해야 한다. '너머'와 달리 '넘어'는 동사 '넘다'의 활용형이다.

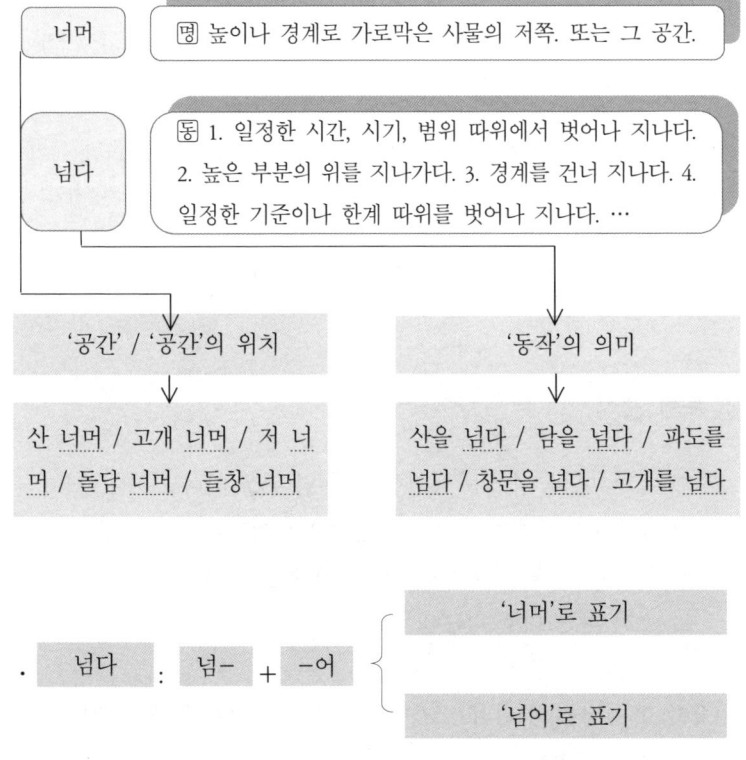

| 너머 | 图 높이나 경계로 가로막은 사물의 저쪽. 또는 그 공간. |
| 넘다 | 图 1. 일정한 시간, 시기, 범위 따위에서 벗어나 지나다. 2. 높은 부분의 위를 지나가다. 3. 경계를 건너 지나다. 4. 일정한 기준이나 한계 따위를 벗어나 지나다. … |

| '공간' / '공간'의 위치 | '동작'의 의미 |
| 산 너머 / 고개 너머 / 저 너머 / 돌담 너머 / 들창 너머 | 산을 넘다 / 담을 넘다 / 파도를 넘다 / 창문을 넘다 / 고개를 넘다 |

· 넘다 : 넘- + -어
'너머'로 표기
'넘어'로 표기

② 한글 맞춤법 규정

· '너머'와 '넘어'는 동사 '넘다'와 관련된 말이다. 이 중, '넘어'는 동사 '넘다'의 의미를 그대로 간직한 활용형이기에 어간의 변화가 일어나지 않는다. 그러나 '너머'는 한글 맞춤법 제19항의 [붙임] 조항에 따라 소리 나는 대로 적고 있다.

제19항 어간에 '-이'나 '-음/-ㅁ'이 붙어서 명사로 된 것과 '-이'나 '-히'가 붙어서 부사로 된 것은 그 어간의 원형을 밝히어 적는다.

다만, 어간에 '-이'나 '-음'이 붙어서 명사로 바뀐 것이라도 그 어간의 뜻과 멀어진 것은 원형을 밝히어 적지 아니한다.

[붙임] 어간에 '-이'나 '-음' 이외의 모음으로 시작된 접미사가 붙어서 다른 품사로 바뀐 것은 그 어간의 원형을 밝히어 적지 아니한다.

 (1) 명사로 바뀐 것 예 귀머거리, 까마귀, 너머, 뜨더귀, 마감, 마개, 마중, 무덤, 비렁뱅이, 쓰레기, 올가미, 주검
 (2) 부사로 바뀐 것 예 너무, 도로, 비로소, 자주, 차마 등
 (3) 조사로 바뀐 것 예 나마, 부터, 조차

---

③ 문제 풀이

(풀이) 1. '너머'와 '넘어'는 동일한 어원('넘다')을 지니고 있다. '넘어'는 의미와 품사가 일치하는 '넘다'의 활용형으로 어간의 원형을 밝혀 적는다. 그러나 '너머'는 '넘다'라는 동작의 의미가 없는 '공간'의 명사로 바뀐 것으로 소리 나는 대로 적는다.

(풀이) 2. ㉠에는 산 뒤의 '공간'이라는 명사를 써야 한다. ㉡에는 산을 넘는 동작이 필요한 문맥이기에 동사의 활용형을 써야 한다.

⇩

- 자연인은 산 ㉠ 너머 마을의 골짜기에 거주하고 있다.
- 산삼과 더덕 등 약초를 캐려면 저 산을 ㉡ 넘어가야 한다.

4 참고 자료

✎ '너머'와 '넘어(넘다)'는 품사에 의해 다음과 같은 통사 구조에 차이가 나타난다.

너머 + '에' 예 고개 너머(에) 친구가 살고 있다.

넘어 + ~~'에'~~ 예 산을 *넘어(에) 바다로 향하였다.

✎ '너머'와 같이 어간에 '-이'/'-음' 이외의 접미사가 결합해 명사로 바뀌는 단어들의 구조는 다음과 같다. 이 경우, 소리 나는 대로 적는다.

귀머거리 : [귀+먹] + '-어리' / 마개 : 막 + '-애'

마감 : 막 + '-암' / 무덤 : 묻 + '-엄'

주검 : 죽 + '-엄'

5 적용 및 활용

1. 산 넘어 산이다.
2. 산 너머 마을에 가려면 이 산을 너머야 한다.
3. 그는 김치 만드는 법을 어깨넘어로 배우게 되었다.

10. '넝쿨' / '덩굴' / '덩쿨'

> 하우스 안에는 수박 ⊙덩쿨이 땅바닥에 뻗고 있었다.

> '갈등'은 칡과 등나무의 ⓒ넝쿨/덩굴이 서로 얽힌 모습과 같다.

① 형태·의미적 특징

· 건물의 담이나 나무에 달라붙어 올라가거나 땅바닥으로 길게 뻗는 식물의 줄기를 가리키는 말로, '넝쿨', '덩굴', '덩쿨' 등의 여러 표현을 사용하고 있다. 이 중, '덩쿨'은 사용할 수 없는 말이다.

넝쿨	〔명〕 길게 뻗어 나가면서 다른 물건을 감기도 하고 땅바닥에 퍼지기도 하는 식물의 줄기.
덩굴	〔명〕 길게 뻗어 나가면서 다른 물건을 감기도 하고 땅바닥에 퍼지기도 하는 식물의 줄기.
덩쿨	→ 덩굴.

※ 위의 사전적 정보에 따르면, '넝쿨'과 '덩굴'은 동의어로 복수 표준어임을 알 수 있다.

※ 그러나 '덩굴'과 '덩쿨'은 복수 표준어로 다루지 않는다. 언중이 '덩쿨'을 표준어로 잘못 인식하는 이유는 '넝쿨'의 영향으로 보이지만, 이는 '덩굴'의 비표준어일 뿐이다. 따라서 표기할 수 없는 형태이다.

2 표준어 규정

- '넝쿨'과 '덩굴'의 두 표현 형태를 표준어로 삼는 근거는 표준어 규정, 제3장 어휘 선택의 변화에 따른 표준어 규정, 제5절 복수 표준어 제26항(한 가지 의미를 나타내는 형태 몇 가지가 널리 쓰이며 표준어 규정에 맞으면, 그 모두를 표준어로 삼는다.)이다.

제26항	복수 표준어	비고
	넝쿨/덩굴	'덩쿨'은 비표준어임.

넝쿨	찔레 넝쿨 / 가시 넝쿨 / 호박 넝쿨 / 포도 넝쿨 / 넝쿨 장미
덩굴	머루와 다래 덩굴 / 장미 덩굴 / 개나리나무 덩굴 / 포도 덩굴

3 문제 풀이

(풀이) 1. '길게 뻗어 나가면서 다른 물건을 감기도 하고 땅바닥에 퍼지기도 하는 식물의 줄기'를 뜻하는 두 형태의 단어(넝쿨, 덩굴)는 복수 표준어이다. 따라서 두 가지 단어 형태를 모두 사용할 수 있다.

(풀이) 2. 두 표준어에서 한 음절씩 떼어낸 형태의 단어는 표준어의 자격을 갖지 못한다. 따라서 ㉠은 첫 음절이 '덩'으로 시작하는 표준어로 수정해야 한다. ㉡은 풀이 (1)에서 설명한 두 단어의 복수 표준어이다.

⇩

- 하우스 안에는 수박 ㉠ 덩굴 이 땅바닥에 뻗고 있었다.
- '갈등'은 칡과 등나무의 ㉡ 넝쿨/덩굴 이 서로 얽힌 모습과 같다.

4 참고 자료

✎ 표준어 규정 제26항의 복수 표준어로 인정되는 형태 중, '넝쿨/덩굴'과 같은 대표적인 명사류는 다음과 같다.

가물	
가뭄	몡 오랫동안 계속하여 비가 내리지 않아 메마른 날씨.

※ 동사 '가물다'의 어간형 파생형 명사 '가물'과 달리, '가뭄'은 어간 '가물-'에 명사 파생 접미사 '-ㅁ'이 결합한 구조이다.

고까	
꼬까	몡 알록달록하게 곱게 만든 아이의 옷이나 신발 따위를 이르는 말.
때때	

※ '고까'와 '꼬까'는 "어감의 차이를 나타내는 단어 또는 발음이 비슷한 단어들이 다 같이 널리 쓰이는 경우에는, 그 모두를 표준어로 삼는다."는 표준어 규정 제2장 제5절 제19항의 규정을 따른다.

녘	몡 1. 방향을 가리키는 말. 2. 어떤 때의 무렵.
쪽	몡 1. 방향을 가리키는 말. 2. 서로 갈라지거나 맞서는 것 하나를 가리키는 말.

※ '녘'은 의존 명사로 '아침 녘, 황혼 녘'처럼 앞말과 띄어 쓴다. 다만, '새벽녘, 저녁녘, 저물녘' 등 합성어에서는 붙여 써야 한다.

| 벌레 | 명 1. 곤충을 비롯하여 기생충과 같은 하등 동물을 통틀어 이르는 말. 2. 어떤 일에 열중하는 사람을 비유적으로 이르는 말. |
| 버러지 | 명 곤충을 비롯하여 기생충과 같은 하등 동물을 통틀어 이르는 말. |

※ '벌러지'와 '벌거지' 등은 비표준어이다.

| 봉숭아 | |
| 봉선화 | 명 봉선화과의 한해살이풀. |

※ 표준어 규정 제2장 제4절 제17항 "비슷한 발음의 몇 형태가 쓰일 경우, 그 의미에 아무런 차이가 없고, 그중 하나가 더 널리 쓰이면, 그 한 형태만을 표준어로 삼는다."에 따라 '봉숭화'는 표준어로 인정하지 않는다.

| 옥수수-강냉이 | 우레-천둥 | 쪽-편 |

5 적용 및 활용

1. **가시덩쿨에 긁혀 피가 난다.**
2. **호박 넝쿨에 달린 애호박을 따서 요리를 하다.**
3. **봉숭아와 봉선화는 표준어이지만 봉숭화는 비표준어이다.**

11. '눈곱', '눈꼽' / '배곱', '배꼽'

> 그 사람은 인정이라고는 ㉠눈꼽
> 만큼도 없어 보인다.

> 탯줄이 떨어지면서 배의 한가운
> 데에 생긴 자리가 ㉡배곱이다.

① 형태·의미적 특징

- 많은 사람들이 '눈곱'과 '눈꼽' 중 어느 표기가 올바른 것인지 헷갈려한
  다. 실제 언어생활에서는 '소리 나는 대로 적는 것을 원칙으로 한다.'는
  한글 맞춤법의 규정에 따라 '눈꼽'으로 잘못 표기하는 사례가 많다. 또한
  '배꼽'이란 단어에 이끌려 '눈꼽'으로 잘못 표기하기도 한다.

눈-곱[눈꼽]	몡 1. 눈에서 나오는 진득진득한 액. 또는 그것이 말라붙은 것. 2. 아주 적거나 작은 것을 비유적으로 이르는 말.

- 반면, '배꼽'은 표준 발음인 [배꼽]에 따라 '배꼽'으로 표기하며, '배곱'
  으로 표기해서는 안 된다.

배-꼽[배꼽]	몡 1. 탯줄이 떨어지면서 배의 한가운데에 생긴 자리. 2. 식물 열매의 꽃받침이 붙었던 자리. 3. 소의 양지머리에 붙은 고기.

※ '눈곱'과 '배꼽'의 구성 원리는 '눈+곱', '배+꼽'으로 유사하다. 하지만 '곱'은
  원래 '지방 또는 그것이 엉겨 굳어진 것'을 가리켰는데 '부스럼이나 헌데에
  끼는 고름 모양의 물질./눈에서 나오는 진득진득한 액. 또는 그것이 말라붙은
  것.'의 의미가 덧붙어 의미가 확대되었다. 반면, '꼽'은 중세어 '복'의 음운 도
  치(곱)와 된소리(꼽) 영향에 의한 것으로 현재 별도의 의미를 지니지 않는다.

· '눈곱'과 '배꼽'은 된소리로 발음한다는 공통점을 지닌다. 그러나 '눈곱'은 된소리 발음을 표기에 반영하지 않은 반면, '배꼽'은 된소리 발음을 표기에 반영한다. 이는 각기 다른 한글 맞춤법의 규정을 적용받기 때문이다.

· '배꼽'은 한글 맞춤법 제3장 소리에 관한 것, 제1절 된소리, 제5항(한 단어 안에서 뚜렷한 까닭 없이 나는 된소리는 다음 음절의 첫소리를 된소리로 적는다. 1. 두 모음 사이에서 나는 된소리. 2. 'ㄴ, ㄹ, ㅁ, ㅇ' 받침 뒤에서 나는 된소리)의 규정을 적용 받는다. 본서 '깍두기'/'깍뚜기' 편(31-34)을 참조할 수 있다.

'배꼽'

· 한 형태소의 두 모음 사이에서 된소리([ㄲ]) 발음
· '배'+'꼽'의 구성이 아님.(꼽≠지방/진득진득한 액)

· '눈곱'은 한글 맞춤법 제4장 형태에 관한 것, 제4절 합성어 및 접두사가 붙는 말, 제27항의 규정을 적용 받는다.

> 제27항 둘 이상의 단어가 어울리거나 접두사가 붙어서 이루어진 말은 각각 그 원형을 밝히어 적는다.
>
> 국말이   꺾꽂이   꽃잎   끝장   물난리   밑천   부엌일
> 새파랗다   엿듣다   짓이기다   헛되다

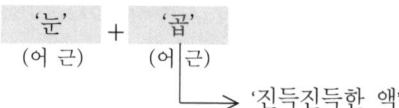

3 문제 풀이

(풀이) 1. 한글 맞춤법 제27항의 규정에 따라 두 어근의 결합에 의한 합성 어는 각각의 원형을 밝혀 적고, 한글 맞춤법 제5항의 규정에 따라 한 형 태소 내의 모음 사이에서 까닭 없이 나는 된소리는 그대로 적는다.

(풀이) 2. '눈곱'과 '눈꼽'은 한글 맞춤법 제27항, '배곱'과 '배꼽'은 한글 맞춤 법 제5항에 따라 적절한 표기를 구별해야 한다. 따라서 ㉠은 각각의 원 형을 밝혀 적고, ㉡은 된소리 발음을 표기에 반영해 적어야 한다.

⇩

- 그 사람은 인정이라고는 ㉠ 눈곱 만큼도 없어 보인다.
- 탯줄이 떨어지면서 배의 한가운데에 생긴 자리가 ㉡ 배꼽 이다.

4 참고 자료

✎ '눈곱'의 표준 발음은 [눈꼽]이다. 이처럼 합성어에서 뒤 단어의 첫소리 를 된소리로 발음하는 이유는 표준 발음법 제28항 규정에 의한다.

제28항 표기상으로는 사이시옷이 없더라도, 관형격 기능을 지니는 사이시 옷이 있어야 할(휴지가 성립되는) 합성어의 경우에는, 뒤 단어의 첫소 리 'ㄱ, ㄷ, ㅂ, ㅅ, ㅈ'을 된소리로 발음한다.

문-고리[문꼬리]	눈-동자[눈똥자]	신-바람[신빠람]
산-새[산쌔]	손-재주[손째주]	길-가[길까]
물-동이[물똥이]	발-바닥[발빠닥]	굴-속[굴:쏙]
술-잔[술짠]	바람-결[바람껼]	그믐-달[그믐딸]
아침-밥[아침빱]	잠-자리[잠짜리]	강-가[강까]
초승-달[초승딸]	등-불[등뿔]	창-살[창쌀]

✎ '배꼽'은 현대 국어에서 그 어원을 밝히기 어려운 단어이다. [배꼽]이라는 발음에서 [배]는 금세 인식할 수 있지만 나머지 [꼽]이 무엇인지 그 어원을 분명히 알기 어렵다. 그러므로 원형을 밝히지 않고 소리 나는 대로 적는다. '눈썹'도 이와 동일한 이유에서 소리 나는 대로 적는다.

· 눈썹이 하얗게 세다. → 눈 + 썹 > 눈썹[눈썹]

5 적용 및 활용

1. 세수하면서 눈꼽을 닦았다.
2. 그의 농담에 배꼽을 쥐고 웃었다.
3. '배꼽'은 [배꼽]으로, '눈곱'은 [눈꼽]으로 발음한다.

12. '되-' / '돼'

1 형태·의미적 특징

되-	동사 '되다'의 어간.
돼	동사 '되다'의 활용형인 '되어'의 줄어든 형태.

2 활용의 차이점

· 어간 '되-'는 여러 어미와 결합하여 '되다, 되고, 되지' 등으로 활용하기에
  '되어'는 구조는 다음과 같다.

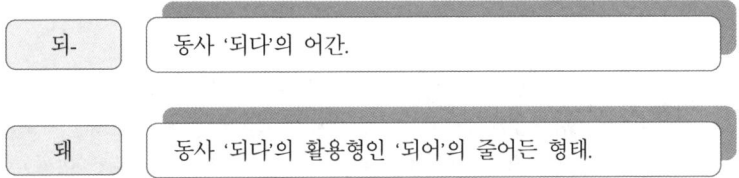

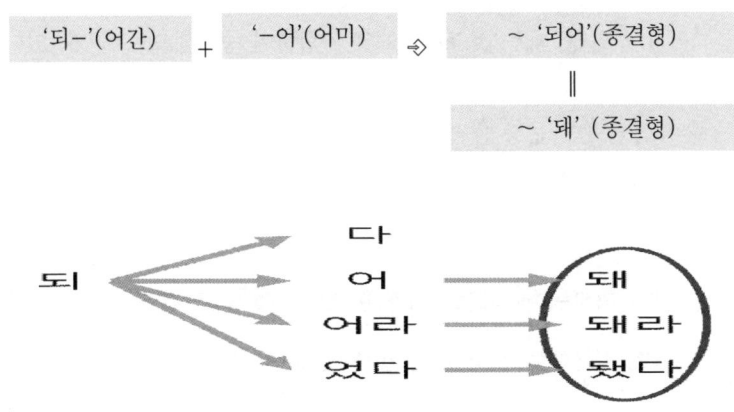

• 어간 '되-'는 어미가 붙지 않고 문장 종결의 기능을 할 수 없지만, '되어'의 준말인 '돼'는 문장 종결이 가능하다. 또한 어간 '되-'와 보조사 '요'는 직접 결합할 수 없지만 어간과 어미가 결합한 '돼'는 '요'와 함께 쓸 수 있다.

> 너희들, 수업 시간에 졸면 안 *되. / 안 되어(돼).
> 여러분, 수업 시간에 졸면 안 *되요. / 안 되어요(돼요).

• '되-'의 활용형과 준말 '돼'의 관계는 다음과 같다.

되+어도 > 돼도	되+어서 > 돼서
되+어야 > 돼야	되+어요 > 돼요
되+어라 > 돼라	되+었다 > 됐다

※ 한글 맞춤법 제4장 제5절 제35항 [붙임2]: 'ㅚ' 뒤에 '-어, -었-'이 어울려 'ㅙ, ㅙㅆ'으로 될 적에는 준 대로 적는다.

③ 문제 풀이

(풀이) 1. 어간 '되-'는 어미 없이 문장을 종결짓지 못한다. 그러나 '되어'와 이의 준말인 '돼'는 보조사 '요'와 결합하여 종결형으로 쓸 수 있다.

(풀이) 2. ㉠에는 문장 종결형으로 기능할 수 있는 형태가 필요하고, ㉡에는 보조사 '요'와 결합 가능한 형태가 필요하다.

⇩

• 경찰 공무원이 되려면 이건 반드시 알아야 ㉠ 되어/돼 .
• 이번 겨울에는 홍역 백신 접종 안 하면 안 ㉡ 되어요/돼요 .

4 참고 자료

✎ '되-'와 '돼'를 구별하는 간단한 두 가지 방법이 있다.

❶ '되어'로 교체했을 때 자연스러우면 '돼', 아니면 '되-'를 쓴다.

> 이 물건은 반드시 사야 돼요. – 이 물건은 반드시 사야 되어요.
> 이번 일은 네가 하면 되잖아. – 이번 일은 네가 하면 *되어잖아.

❷ '하-'와 교체가 되면 '되-', '해'와 교체가 되면 '돼'를 쓴다.

> (일이) 잘 되면 좋겠어. – 잘 하면 좋겠어. / 잘 *해면 좋겠어.
> 밀린 과제를 해야 돼. – 과제를 해야 해. / 과제를 해야 *하.

✎ 직접 명령의 '되어라'(돼라)와 간접 명령의 '되라'는 구별해서 사용해야
한다.

> 부모님께서는 저에게 항상 착한 사람이 되라고 하셨습니다.
> 부모님께서는 저에게 항상 "착한 사람이 돼라."고 하셨습니다.

※ 간접 명령의 '되라'는 '되-'와 '-(으)라'가 결합한 것으로 '되어라'가 아니기 때문
에 '돼라'로 줄일 수 없다.

5 적용 및 활용

> 1. 안 돼는 것은 안 돼는 것입니다.
> 2. 이 문제는 이렇게 이렇게 풀면 되요.
> 3. 가: 몇 사람 필요해? – 나: 응. 한 사람이면 되.

13. '들르다' / '들리다'

집에 가는 길에 잠시 편의점에 ㉠들려 음료수를 사자.

할머니께서 손주에게 옛날이야기를 ㉡들렀더니 너무 좋아한다.

① 형태·의미적 특징

· '들르다'와 '들리다'는 어느 하나가 맞고 틀린 것이 아니다. 각각의 의미 영역에 따라 둘 다 사용할 수 있다.

| 들르다 | 图 지나는 길에 잠깐 들어가 머무르다. |

| 들리다 | 图 사람이나 동물의 감각 기관을 통해 소리가 알아차려지다. |

· '들리다'는 '듣다' 또는 '들다'와 관련하거나 그렇지 않은 다양한 동음이의어 관계에 있다.

| 듣다 | 피동 | 들리다 | 예 방에서 피아노 소리가 들린다. |
| | 사동 | 들리다 | 예 아이에게 고양이 소리를 들렸다. |

※ '듣다'의 피동 '들리다'의 의미로 '듣기다'는 표준어로 삼지 않는다.

| 들다 | 피동 | 들리다 | 손에 가지다. 아래에 있는 것을 위로 올리다. 예 가방이 들린 손. |

들다	「…이」 몸에 병이나 증상이 생기다. 예 병(감기)이/가 들다.
들리다	「…에, …이」 1. 병에 걸리다. 2. 귀신이나 넋 따위가 덮치다. 예 그는 심한 감기가 들리다. / 귀신에 들린 사람.
들리다	물건의 뒤가 끊어져 다 없어지다. 예 밑천이 들리다.
들리다	→ 들르다.

② 활용의 차이

· '들르다'와 '들리다'는 대부분 활용형의 표기에서 많은 오류가 나타난다.

> ①　엄마: 영희야, 집에 올 때 마트에 좀 들려.
> 　　　영희: 네. 수업 끝나고 가면 한 다섯 시쯤 들릴 수 있을 거예요.

대화문 ①의 밑줄 친 서술어 '들려'와 관형형 '들릴'은 잘못 쓴 것이다. 그렇다고 '들려'와 '들릴'을 쓸 수 없는 것은 아니다.

> ②　엄마: 영희야, 내 말 잘 들려?
> 　　　영희: 아니요. 조금만 더 크게 하시면 잘 들릴 것 같아요.

대화문 ②의 밑줄 친 '들려'와 '들릴'은 ①과 달리 문맥에 알맞은 표현이다. ①과 ②의 표현 차이는 밑줄 친 단어의 기본형에 대한 정확한 인식의 유무에 있다.

①의 '들려'와 '들릴'의 기본형은 무엇일까? 들르다(√) / 들리다(　)
②의 '들려'와 '들릴'의 기본형은 무엇일까? 들르다(　) / 들리다(√)

· ①과 ②의 기본형에 대한 이해를 바탕으로 '들르다'와 '들리다'의 활용 과정을 살펴보자.

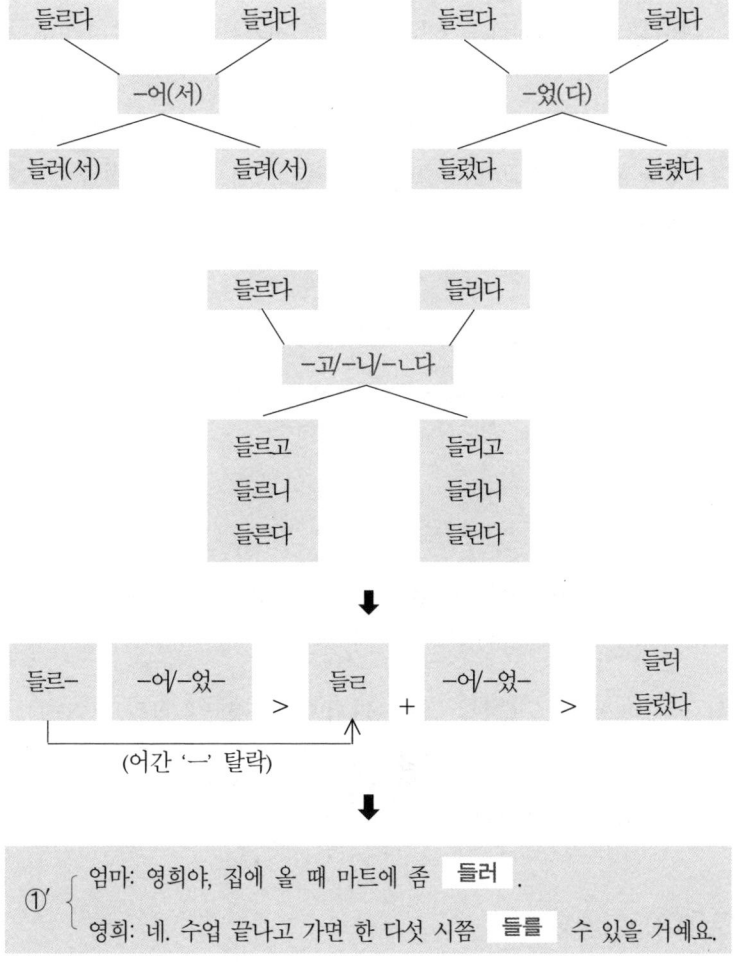

※ '들르다'는 모음의 어미와 결합할 때 어간의 모음 'ㅡ'의 탈락으로 어간 형태가 바뀌는 반면, '들리다'는 어떠한 형태의 변화도 일어나지 않는다. 한국어에서는 어간의 'ㅡ' 탈락 현상을 규칙 현상으로 다루기에 '들르다'와 '들리다'는 모두 규칙 활용어라는 점에서 공통점을 갖는다.

③ 문제 풀이

(풀이) 1. '들르다'와 '들리다'는 의미가 다른 표준어로서, 활용형의 표기를 주의해야 한다. '들르다'는 모음의 어미와 결합할 때 어간의 'ㅡ'가 탈락한다. 반면, '들리다'는 어떤 경우에도 어간의 변화가 일어나지 않는다.

(풀이) 2. ㉠에는 기본형 '들르다'의 어간에 모음의 어미 '-어'가 결합한 활용형을 써야 한다. 반면 ㉡에는 '듣다'의 사동형, 즉 '듣게 하다'라는 의미의 '들리다'의 활용형을 써야 한다.

⇩

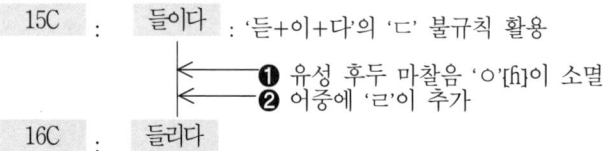

• 집에 가는 길에 잠시 편의점에 ㉠ 들러 음료수를 사자.
• 할머니께서 손주에게 옛날이야기를 ㉡ 들렸더니 너무 좋아한다.

④ 참고 자료

✎ '들리다'는 다음과 같은 통시적 변화를 거쳐 형성되었다.

15C : 들이다 : '듣+이+다'의 'ㄷ' 불규칙 활용
❶ 유성 후두 마찰음 'ㅇ'[ɦ]이 소멸
❷ 어중에 'ㄹ'이 추가
16C : 들리다

⑤ 적용 및 활용

1. 도서관에 들렸다가 우연히 친구를 만났다.
2. 밤에 천둥소리가 들렸다가 아침에는 날이 맑게 개었다.
3. 양손에 짐이 들려 대문을 열 수 없으니 네가 좀 열어 줘.

14. '(으)로서' / '(으)로써'

> 그들은 인생의 동반자㉠로써 서로 부족함이 없다.

> 우리 속담에 말㉡로서 천 냥 빚을 갚는다고 한다.

1 형태·의미적 특징

· '(으)로서'와 '(으)로써'는 발음이 유사한 조사로, 형태 차이에 의한 의미를 정확히 구별해 사용해야 한다.

(으)로서	조사 1. 지위나 신분 또는 자격을 나타내는 격 조사. 2. (예스러운 표현으로) 어떤 동작이 일어나거나 시작되는 곳을 나타내는 격 조사.
(으)로써	조사 1. 어떤 물건의 재료나 원료를 나타내는 격 조사. 2. 어떤 일의 수단이나 도구를 나타내는 격 조사. 3. 시간을 셈할 때 셈에 넣는 한계를 나타내거나 어떤 일의 기준이 되는 시간임을 나타내는 격 조사.

· 위의 사전적 정의를 고려하여, 예문의 빈칸에 적절한 조사를 찾아보자.

· 그 일은 회사의 대표{로서(√) / 로써(   )} 마땅히 해야 한다.
· 그의 말은 콩{으로서(   ) / 으로써(√)} 메주를 쑨다 해도 못 믿겠다.
· 이번 문제의 발단은 너{로서(√) / 로써(   )} 시작되었다.
· 고향을 떠난 지 올해{로서(   ) / 로써(√)} 10년이 된다.

※ '지위, 신분, 자격'의 대상은 주로 사람이기에 사람을 지칭할 경우 '(으)로서'를 사용한다 할 수 있다. 그러나 "헌법 재판소는 위헌 여부를 심판하기 위한 특별 재판소로서 기능을 담당한다."처럼 사물 또한 자격의 기능을 지닌다.

· 한편, '~을 가지고', '~을 써서(통해)', '~을 이용해(사용해)'의 교체 여부로 '(으)로서'와 '(으)로써'를 구별하기도 한다.

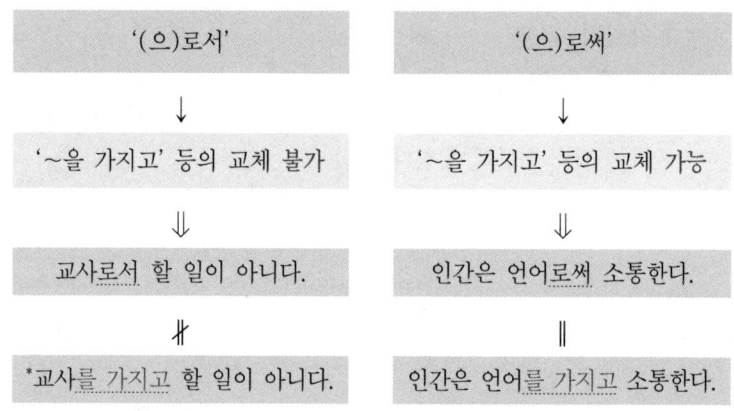

2 '(으)로서' / '(으)로써'의 이형태

· '(으)로서'와 '(으)로써'의 이형태가 선택되는 조건은 다음과 같다.

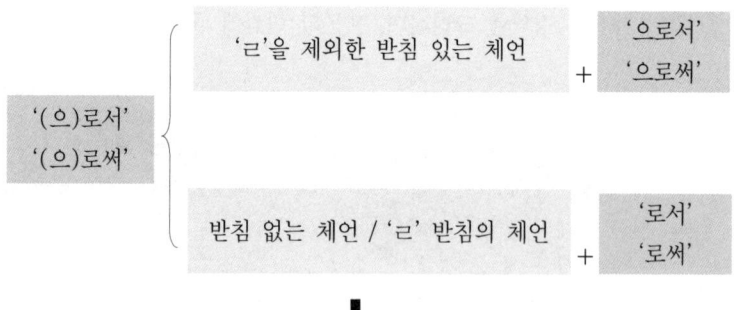

'으로서'	'으로써'	'로서'	'로써'
자식, 사람, 의장, 남쪽 …	이념, 콩, 금년, 이번 …	교사, 친구, 딸, 현재 …	도구, 대화, 쌀, 올해 …

③ 문제 풀이

(풀이) 1. '(으)로서'와 '(으)로써'의 의미는 다르다. 전자는 '지위, 신분, 자격'
을 나타내거나, 어떤 동작이 일어나거나 시작되는 곳을 나타낸다. 반면,
'(으)로써'는 어떤 물건의 재료나 원료를 나타내거나, 어떤 일의 수단, 시
간을 셈할 때 넣는 한계를 나타낸다. 이러한 의미 차이와 별개로 이를
손쉽게 구별하는 방법은 '~을 가지고(이용해)'의 대체 여부이다.

(풀이) 2. ㉠에는 먼저 선행 명사구인 사람과 관련 있고, '~을 가지고'와 대
체가 불가하다는 정보를 만족할 수 있는 조사를 써야 한다. 반면 ㉡에는
'말을 가지고(이용해/사용해)'와 대체가 가능한 조사를 써야 한다.

⇩

• 그들은 인생의 동반자㉠ 로서 서로 부족함이 없다.

• 우리 속담에 말㉡ 로써 천 냥 빚을 갚는다고 한다.

④ 참고 자료

✎ '(으)로서'와 '(으)로써'는 한글 맞춤법 제57항에 따라, 구별해서 적어야
하는 형태이다.

'(으)로서'	자격	사람으로서 그럴 수는 없다.

| '(으)로써' | 수단 | 닭으로써 꿩을 대신했다. |

❧ 한편, 한글 맞춤법 57항 '~(으)므로' / '~(ㅁ, 음)으로(써)'에서처럼 '(으)로써'는 '이유, 까닭'의 '~(으)므로'와도 정확히 구별해야 한다.

| '~(으)므로' | 어미 | 그가 나를 믿으므로 나도 그를 믿는다. |
| '~(ㅁ, 음)으로(써)' | 조사 | 그는 믿음으로(써) 산 보람을 느꼈다. |

5 적용 및 활용

1. 현재로서 우리가 할 수 있는 일은 없다.
2. 외국인 유학생으로써 부끄럽지 않게 생활하겠습니다.
3. 신재생 에너지 비중을 높임으로서 환경을 보호해야 한다.

15. '맞히다' / '맞추다'

> 영호: (국어 시험 후) "철수야, 국어 몇 문제 ㉠**맞췄어?**"
> 철수: (자신 있게) "나는 다 ㉠**맞췄어.**"
> 영호: "그럼 나하고 정답 ㉡**맞혀** 보자."

① 음운·의미적 특징

맞히다	图 문제에 대한 답을 틀리지 않게 하다. '맞다'의 사동사.

맞추다	图 1. 서로 떨어져 있는 부분을 제자리에 맞게 대어 붙이다. 2. (주로 '보다'와 함께 쓰여) 둘 이상의 일정한 대상들을 나란히 놓고 비교하여 살피다. 3. 다른 어떤 대상에 닿게 하다.

② 형태적 특징

· **맞다** : 맞-(어간) + -다(어미)

(활용) 답이 맞다. → 맞는 답 / 맞은 답

· **맞히다** : 맞-(어간) + -히-(사동 접사) + -다(어미)

(활용) 답을 맞히다. → 맞히는 답 / 맞힌 답

· **맞추다** : 맞-(어간) + -추-(사동 접사) + -다(어미)

(활용) 옷을 맞추다. → 맞추는 옷 / 맞춘 옷

③ 문제 풀이

(풀이) 1. ㉠은 정답의 개수를 묻는 영호의 질문에, 철수가 다 맞았다고 답하는 상황이다.

(풀이) 2. ㉡은 철수와 영호의 시험지(또는 답지)를 나란히 놓고 비교하는 상황이다.

⇩

- **영호: (국어 시험 후) "철수야, 국어 몇 문제 ㉠ 맞혔어 ?"**
- **철수: (자신 있게) "나는 다 ㉠ 맞혔어 ."**
- **영호: "그럼 나하고 정답 ㉡ 맞춰 보자."**

④ 참고 자료

✎ '맞히다³'은 '맞다³'(2. 침, 주사 따위로 치료를 받다. 3. 쏘거나 던지거나 한 물체가 어떤 물체에 닿다. 또는 그런 물체에 닿음을 입다.)의 사동사로 기능한다.

✎ '맞추다'와 '마추다'를 구별하기도 했지만 1988년 <한글 맞춤법>에서는 '맞추다'로 통일하여 사용하기로 하였다. '맞춤'(○) / '마춤'(×).

⑤ 적용 및 활용

1. **퀴즈의 정답을 맞추는 분에게 선물을 드립니다.**
2. **○○○, 세계대회에서 금빛 과녁을 맞히다.**
3. **그는 일과 삶의 균형을 맞추다.**

16. '먹거리' / '먹을거리'

최근 대기업이 찜한 미래 ㉠먹
거리 산업은 바이오이다.

시장의 다양한 ㉡먹을거리에
시선을 빼앗기다.

① 의미적 특징

먹거리 ⬛ 사람이 살아가기 위해 먹는 온갖 것.

먹을거리 ⬛ 먹을 수 있거나 먹을 만한 음식 또는 식품.

※ '거리'는 (명사 뒤에 붙거나 어미 '-을' 뒤에 쓰여) '내용이 될 만한 재료'를 뜻
하는 의존 명사이다.

② 단어 형성 원리

• 공통점 : '먹-'(용언의 어간) + '거리'(의존 명사)
　　　　　　어근　　　　　　어근　　　　→ 합성어

• 차이점 : '먹-'(어근)+을+'거리'(어근)　→ 통사적 합성어
　　　　　　'먹-'(어근)+∅+'거리'(어근)　→ 비통사적 합성어

※ '통사적 합성어'('명사+명사', '관형사+명사', '부사+부사', '부사+용언', '용언
의 관형사형+명사', '용언의 연결형+용언 어간' 등)는 우리말의 문장 구성 방
식과 같은 합성어이다. '비통사적 합성어'('용언 어간+용언 어간', '용언 어간
+명사', '부사+명사')는 우리말의 문장 구성 방식과 같지 않은 합성어이다.

③ 문제 풀이

　(풀이) 1. 원칙적으로 동사 '먹다'의 어간 '먹-'은 '입을 거리, 마실 거리, 볼거
　　리'처럼 관형사형 어미 없이 명사를 꾸밀 수 없다. 다만, 많은 사람들이
　　'먹거리'를 널리 사용하고 있어 이를 표준어로 삼고 있다.

　(풀이) 2. ㉠과 ㉡의 '먹거리'와 '먹을거리'는 둘 다 표준어로서, 유의어 관계
　　에 있는 단어이다. '먹거리'가 포괄적이고 추상적인 개념으로 쓰인다.

⇩

> ● 최근 대기업이 찜한 미래 ㉠ 　먹거리　 산업은 바이오이다.
> ● 시장의 다양한 ㉡ 　먹을거리/먹거리　 에 시선을 빼앗기다.

④ 참고 자료

　✎ '먹거리'는 본래 '먹을거리'의 비표준어였다. 한동안 '먹거리'는 전라도
　　등지에서 쓰이는 사투리라거나 잘못 만들어진 말(비통사적)로 다루어지
　　기도 했다. 그러나 2011년 8월 국립국어원에서 '먹을거리'와 뜻에 차이
　　가 있는 것으로 판단하여 표준어로 인정하였다.

　✎ '먹거리'와 '먹을거리'는 한 단어의 합성어로서 띄어 쓰지 않는다.

⑤ 적용 및 활용

> 1. 깨끗한 식품환경과 친환경 먹거리 문화를 정립하자.
> 2. 볼거리, 놀거리, 먹을거리 가득한 축제를 즐기다.
> 3. ○○농업학교 미래 먹거리 책임질 일군 키운다.

17. '몇일' / '며칠'

오늘이 ㉠몇일이지?

이 문제를 몇 날 ㉡며칠 고민했지만 마땅한 해결책이 없네.

① 형태·어원적 특징

· '몇일'은 관형사 '몇'과 명사가 결합한 다음 구성의 예에서 유추한 결과로 보인다.

관형사+(의존)명사		관형사+명사
· 몇√월[며뒬] · 몇√명[면명] · 몇√사람[면싸람]	≠	· 몇일

> 몇 1. 뒤에 오는 말과 관련된, 그리 많지 않은 얼마만큼의 수를 막연하게 이르는 말. 2. (흔히 의문문에 쓰여) 뒤에 오는 말과 관련된 수를 물을 때 쓰는 말.

· '며칠'을 관형사 '몇'과 명사 '일'의 결합 구조로 볼 수 없는 이유는 다음과 같다.

❶ 발음의 불일치: '몇'+'일'의 구조라면 위의 사례처럼 [면닐]→[면닐]로 발음되어야 하나, 이의 실제 발음([며칠])은 그렇지 않다.

❷ 띄어쓰기의 오류: '몇'+'일'의 구조라면 위의 사례처럼 '몇√일'로 띄어 써야 하나, 실제 표기('며칠')는 그렇지 않다.

② 음운·의미적 특징

• '며칠'은 '몇'+'일'로 분석되지 않는, 즉 그 어원이 불분명한 말로 소리 나는 대로 적어야 한다. 실제 발음이 [며칠]로 나기에 '며칠'로 적는다.

> 제27항 [붙임2] 어원이 분명하지 아니한 것은 원형을 밝히어 적지 아니한다. 예 며칠

• '며칠'의 의미 구조는 다음과 같다.

> 명 1. 그달의 몇째 되는 날. 예 오늘이 며칠이지?
> 2. 몇 날. 예 그는 며칠 동안 말이 없었다.

③ 문제 풀이

(풀이) 1. '며칠'은 관형사 '몇'과 명사 '일'이 결합한 구조가 아닌 한 형태소의 한 단어이다.

(풀이) 2. ㉠에는 오늘이 '그달의 몇째 되는 날'인지를 묻는 의문문에 적절한 형태를 써야 한다. ㉡은 관형사 '몇'과 명사 '일'이 결합한 구조가 아닌 한 단어의 올바른 표기이다.

⇩

• 오늘이 ㉠ 며칠 이지?

• 이 문제를 몇 날 ㉡ 며칠 고민했지만 마땅한 해결책이 없네.

4 참고 자료

✎ '며칠'이 '몇'과 '일'이 결합한 구조라 전제할 때, [며닐]로 발음되는 이유
는 표준 발음법 제8항, 제18항 그리고 제29항에 의한다.

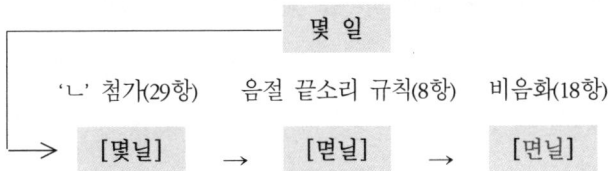

몇 일

'ㄴ' 첨가(29항)   음절 끝소리 규칙(8항)   비음화(18항)

[몇닐]   →   [몓닐]   →   [며닐]

※ 실제 발음이 [며칠]이라는 점이 '몇'과 '일'로 분석되지 않는다는 것을 말한다.

제8항 받침소리로는 'ㄱ, ㄴ, ㄷ, ㄹ, ㅁ, ㅂ, ㅇ'의 7개 자음만 발음한
다.

제18항 받침 'ㄱ, ㄷ, ㅂ'은 'ㄴ, ㅁ' 앞에서 [ㅇ, ㄴ, ㅁ]으로 발음한
다.

제29항 합성어 및 파생어에서, 앞 단어나 접두사의 끝이 자음이고 뒤
단어나 접미사의 첫 음절이 '이, 야, 여, 요, 유'인 경우에는, 'ㄴ'소
리를 첨가하여 [니, 냐, 녀, 뇨, 뉴]로 발음한다.

✎ '몇 월'이 [며뒬]로 발음 나는 이유는 표준 발음법 제15항에 의한다.

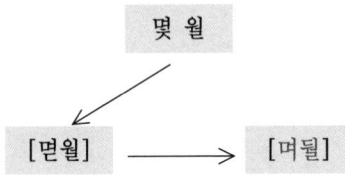

몇 월

[며둴]   ⟶   [며뒬]

> 제15항 받침 뒤에 모음 'ㅏ, ㅓ, ㅗ, ㅜ, ㅟ'들로 시작되는 실질 형태소가 연결되는 경우에는, 대표음으로 바꾸어서 뒤 음절 첫소리로 옮겨 발음한다.

✎ '그달의 몇째 되는 날'의 의미를 갖는 '며칠'의 본딧말은 '며칟날'이다.

5 적용 및 활용

1. 우리 다음 달 **몇일날** 만나?
2. **몇일** 동안 어디에 있었어?
3. 할아버지의 제삿날이 **며칟날**이지?

몇일? 며칠?

어학사전

몇일
[명사] '며칠'의 잘못.

맞춤법·표기법

18. '받치다' / '받히다'

비가 와서 우산을 ㉠받히다.

어제 스마트폰을 보면서 길을 가다가 자전거에 ㉡받치다.

1️⃣ 형태·의미적 특징

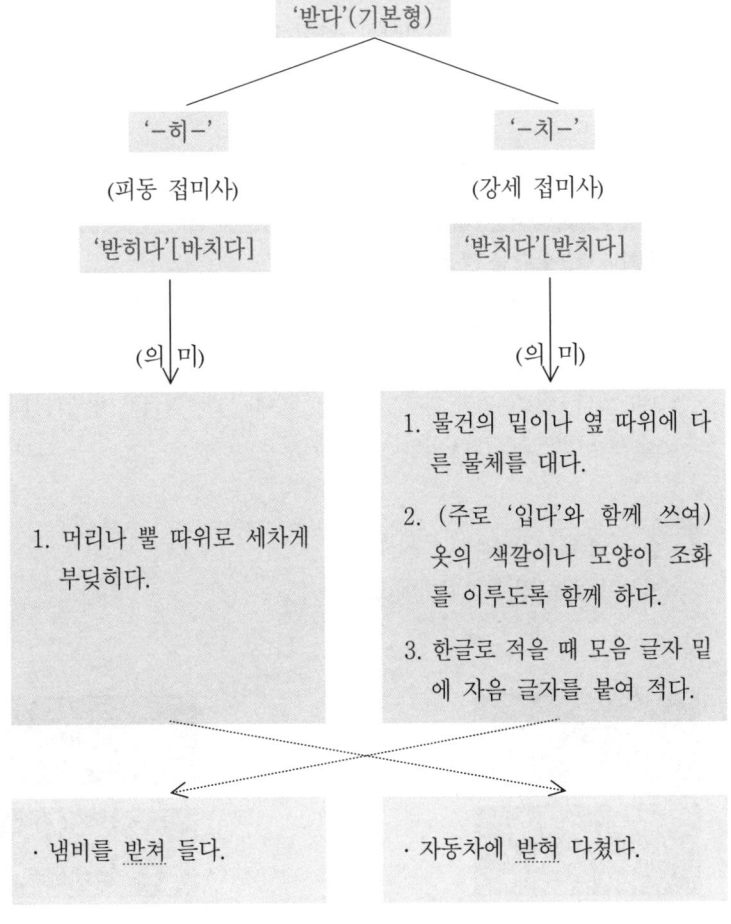

'받다'(기본형)

'-히-'
(피동 접미사)
'받히다'[바치다]

(의미)

1. 머리나 뿔 따위로 세차게 부딪히다.

'-치-'
(강세 접미사)
'받치다'[받치다]

(의미)

1. 물건의 밑이나 옆 따위에 다른 물체를 대다.

2. (주로 '입다'와 함께 쓰여) 옷의 색깔이나 모양이 조화를 이루도록 함께 하다.

3. 한글로 적을 때 모음 글자 밑에 자음 글자를 붙여 적다.

· 냄비를 받쳐 들다.

· 자동차에 받혀 다쳤다.

② 유사한 발음 형태와의 구별

· 피동 접미사가 결합한 '받히다'[바치다]와 동음이의어(소리는 같으나 뜻
이 다른 단어) 관계어의 '바치다'[바치다]는 '받다'와 아무 관계가 없는 별
개의 단어이다.

> · 손님에게 음식을 만들어 바치다.
> · 그는 평생을 언어학 연구에 몸을 바쳤다.

· '받치다'[받치다]와 동음이의어인 '밭치다'[받치다]는 공통점과 차이점이
있다. 먼저 강세 접미사 '-치-'가 결합한 점은 같다. 그러나 의미 구조는
전혀 다르다.

> 밭치다: 1. '밭다'를 강조하여 이르는 말.
>   2. 구멍이 뚫린 물건 위에 국수나 야채 따위를 올려 물기를 빼다.

※ 1의 '밭다'는 '건더기와 액체가 섞인 것을 체나 거르기 장치에 따라서 액만
   을 따로 받아 내다.'는 의미를 지닌다.

> · 술을 체에 밭쳤다.
> · 깨끗이 씻은 상추를 채반에 밭쳤다.

③ 문제 풀이

(풀이) 1. ㉠에는 '우산이나 양산 등을 펴들다.', '밑에서 괴다.'라는 의미를 지닌 단어를 써야 한다.

(풀이) 2. ㉡은 '길을 가다가 자전거에 받음을 당하다.'는 의미의 문장이다. 따라서 '받다'에 피동 접미사가 '-히-'가 결합한 형태를 써야 한다.

⇩

- 비가 와서 우산을 ㉠ 받치다 .
- 어제 스마트폰을 보면서 길을 가다가 자전거에 ㉡ 받히다 .

④ 참고 자료

✎ 한글 맞춤법 제57항의 규정에 이들의 용례가 제시되어 있다.

> 제57항 다음 말들은 각각 구별하여 적는다.
>
> | | |
> |---|---|
> | 바치다 | 나라를 위해 목숨을 바쳤다. |
> | 받치다 | 우산을 받치고 간다. |
> | | |
> | 받히다 | 쇠뿔에 받혔다. |
> | 밭치다 | 술을 체에 밭친다. |

※ '바치다'는 한 어근으로 이루어진 단일어이다. 반면, '받치다, 밭치다'는 강세 접미사가 결합한 파생어, '받히다'는 피동 접미사가 결합한 파생어이다.

✎ '받치다'에서 파생된 명사에 '받침'이 있다. 이는 다음의 구조를 지닌다.

'받치-' + '-ㅁ-' > '받침'
    ↳ 명사 파생 접미사

· 명사 '받침'은 '다른 물건의 밑에 대는 데 쓰게 만든 물건'을 의미한다.

> · 화분 받침, 책(冊)받침.
> · 한글로 적을 때 모음 글자 밑에 적는 자음을 받침 글자라 한다.

✎ 한편, '먹은 것이 잘 소화되지 않고 위로 치밀다. 단단한 곳에 닿아 몸의
일부분이 아프게 느껴지다. 화 따위의 심리적 작용이 강하게 일어나다.'
는 의미로 쓰이는 동음이의어 '받치다'도 존재한다.

5 적용 및 활용

> 1. 두 손을 머리에 **받치고** 누웠다.
> 2. 충무공은 나라를 위해 목숨을 **바쳤다**.
> 3. 그녀는 설움이 **받혀서** 목메어 울었다.

19. '벌리다' / '벌이다'

너무 다닥다닥 붙어 있어 줄 간격을 ㉠벌이다.

지난 주말 호텔에서 할아버지의 팔순 잔치를 ㉡벌리다.

1 형태·의미적 차이

· '벌리다[벌 : 리다]'와 '벌이다[버 : 리다]'는 유사한 발음 구조를 지닌 다른 의미의 단어이다.

벌리다

[동] 1. 둘 사이를 넓히거나 멀게 하다. 2. 껍질 따위를 열어 젖혀서 속의 것을 드러내다. 3. 우므러진 것을 펴지거나 열리게 하다.

벌이다

[동] 1. 일을 계획하여 시작하거나 펼쳐 놓다. 2. 놀이판이나 노름판 따위를 차려 놓다. 3. 여러 가지 물건을 늘어놓다. 4. 가게를 차리다. 5. 전쟁이나 말다툼 따위를 하다.

· 각 단어의 의미 영역에 따라, 결합하는 목적어의 차이를 이해하면 이를 쉽게 구분할 수 있다.

| 간격, 차이, 손, 다리, 입, 틈새 등 | 벌리다 |

| 잔치, 사업, 조사, 좌판, 전쟁, 싸움 등 | 벌이다 |

2 유사 단어와의 구별

- '벌리다'와 유사한 단어 형태에 '떠벌리다'가, '벌이다'와 유사한 단어 형태에 '떠벌이다'가 있다.

'벌리다'	'벌이다'
↓	↓
'떠벌리다'	'떠벌이다'

- '벌리다'의 의미를 참고할 때, '떠벌리다'에는 이야기를 점점 넓고 멀게, 즉 '과장하다'는 의미가 나타난다. 따라서 "그는 자신의 이력을 떠벌리다."와 같이 사용한다.

  ※ '떠벌리다'와 관련하여 '자주 수다스럽게 떠드는 사람을 낮잡아 이르는 말'에 '떠버리'가 있다. 다만, '떠버리'가 '떠벌리다'에서 온 것으로 추측할 수 있으나 '떠벌-'이란 어간이 따로 존재하지 않으므로 '떠벌+이'의 형태라고 단정하기 어렵다. 그러므로 소리 나는 대로 '떠버리'로 적어야 한다.

- '벌이다'의 의미를 참고할 때, '떠벌이다'는 '(일/사업을) 굉장한 규모로 차리다.'는 의미를 지닌다. "그는 사업을 떠벌였다."와 같이 사용한다.

3 문제 풀이

(풀이) 1. 서술어의 목적어가 '간격'임을 고려하면, ㉠에는 '둘 사이를 넓힌다.'는 의미를 지닌 서술어를 써야 한다.

(풀이) 2. 서술어의 목적어가 '팔순 잔치'임을 고려하면, ㉡에는 '일을 계획하여 시작하거나 펼쳐 놓는다.'는 의미를 지닌 서술어를 써야 한다.

⇩

- 너무 다닥다닥 붙어 있어 줄 간격을 ㉠ 벌리다 .
- 지난 주말 호텔에서 할아버지의 팔순 잔치를 ㉡ 벌이다 .

4 참고 자료

✎ '벌리다'와 '벌이다'의 피동 표현으로, '벌어지다'를 사용할 수 있다.

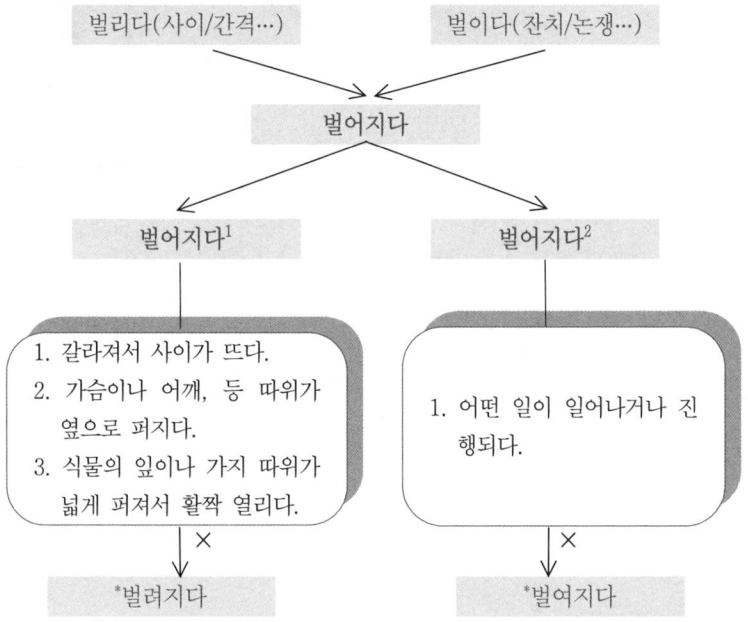

벌리다(사이/간격…)   벌이다(잔치/논쟁…)

벌어지다

벌어지다¹   벌어지다²

1. 갈라져서 사이가 뜨다.
2. 가슴이나 어깨, 등 따위가 옆으로 퍼지다.
3. 식물의 잎이나 가지 따위가 넓게 퍼져서 활짝 열리다.

1. 어떤 일이 일어나거나 진행되다.

×
*벌려지다

×
*벌여지다

✎ '벌리다'(둘 사이를 넓히거나 멀게 하다.)의 동음이의어 '벌리다'는 '벌다' (일을 하여 돈 따위를 얻거나 모으다.)의 피동사이다.

벌다   벌리다

예 돈을 벌다.   예 돈이 벌리다.

5 적용 및 활용

1. 집에서 친구의 생일 파티를 벌였다.
2. 책상 위에 벌려 놓은 책을 치우고 공부하자.
3. 아이는 두 손을 벌려 과자를 조심스레 받아먹었다.

20. '부치다' / '붙이다'

탄소배출권 관련 주제를 다음 회의 주제에 ㉠붙이다.

시간이 갈수록 배우자의 조건으로 여러 가지를 ㉡부치다.

1 음운·형태·의미적 특징

· '부치다[부치다]와 '붙이다'[부치다]는 발음과 어원이 같지만 의미에 따라 구분해서 써야 한다. 먼저, 두 단어의 중심 의미부터 살펴보자.

| 부치다 | 동 편지나 물건 따위를 일정한 수단이나 방법을 써서 상대에게로 보내다. |

| 붙이다 | 동 맞닿아 떨어지지 않게 하다. |

· '부치다'와 '붙이다'의 발음 결과는 [부치다]로 같지만 각각의 발음 과정은 다음과 같은 차이가 나타난다.

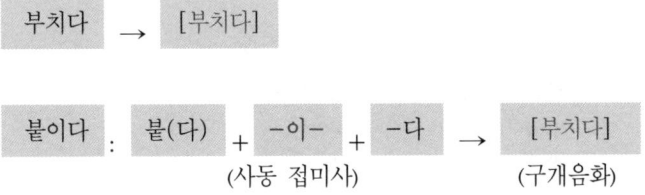

부치다 → [부치다]

붙이다 : 붙(다) + -이- + -다 → [부치다]
                    (사동 접미사)   (구개음화)

※ 음절의 끝소리가 'ㅌ'인 형태소가 모음 'ㅣ'나 반모음 'ㅣ'[j]로 시작되는 형식 형태소와 만나 구개음 'ㅊ'이 되는 현상을 '구개음화'라 한다.

• 한글 맞춤법 제4장 '형태에 관한 것'의 세부 항목에 따르면, 동일한 어원을 지니고 있더라도 어원의 본뜻과 멀어지면 소리 나는 대로 표기하고, 본뜻을 유지하면 원형을 밝혀 적어야 한다.

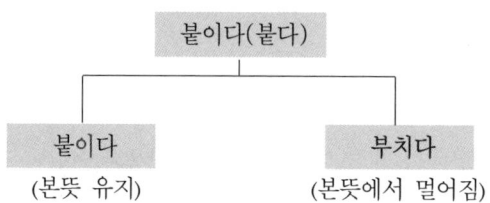

제22항 용언의 어간에 다음과 같은 접미사들이 붙어서 이루어진 말들은 그 어간을 밝히어 적는다.

   1. '-기-, -리-, -이-, -히-, -구-, -우-, -추-, -으키-, -이키-, -애-'가 붙는 것

     맡기다 웃기다 뚫리다 울리다 낚이다 쌓이다 굳히다
     굽히다 돋구다 솟구다 돋우다 곧추다 맞추다 일으키다
     돌이키다 없애다

   다만, '-이-, -히-, -우-'가 붙어서 된 말이라도 본뜻에서 멀어진 것은 소리대로 적는다.

     도리다(칼로 ~)   드리다(용돈을 ~)   고치다
     바치다(세금을 ~)   **부치다**(편지를 ~)   거두다
     미루다   이루다

   2. '-치-, -뜨리-, -트리-'가 붙는 것

   [붙임] '-업-, -읍-, -브-'가 붙어서 된 말은 소리대로 적는다.

• 한편, 한글 맞춤법 제57항에는 각각 구별해서 적어야 하는 '부치다'와 '붙이다'의 용례가 제시되어 있다. 이들의 중심 의미를 바탕으로, 다음 [가]와 [나]의 바른 표기에 대해 알아보자.

[가]	[나]
힘이 부치는/붙이는 일이다.	우표를 부친다/붙인다.
편지를 부친다/붙인다.	책상을 벽에 부쳤다/붙였다.
논밭을 부친다/붙인다.	흥정을 부친다/붙인다.
빈대떡을 부친다/붙인다.	불을 부친다/붙인다.
식목일에 부치는/붙이는 글	감시원을 부친다/붙인다.
회의에 부치는/붙이는 안건	조건을 부친다/붙인다.
인쇄에 부치는/붙이는 원고	취미를 부친다/붙인다.
삼촌 집에 숙식을 부친다/붙인다.	별명을 부친다/붙인다.
붙이다	부치다

③ 문제 풀이

(풀이) 1. 동사 '붙다'(맞닿아 떨어지지 아니하다.)의 의미가 유지되는 단어는 '붙이다'이다. 반면, '부치다'는 '붙다'와 관련이 없는 단어이다.

(풀이) 2. 문맥적으로 ㉠에는 '어떤 문제를 다른 곳이나 다른 기회로 넘기어 맡기다.'는 의미의 단어를 써야 한다. 따라서 '붙다'의 의미와 관련이 없는 단어여야 한다. 반면 ㉡에는 '조건, 이유, 구실 따위를 딸리게 하다.'는 의미의 단어, 즉 '붙다'의 의미가 유지되고 있는 단어를 써야 한다.

⇩

- 탄소배출권 관련 주제를 다음 회의 주제에 ㉠ 부치다 .
- 시간이 갈수록 배우자의 조건으로 여러 가지를 ㉡ 붙이다 .

④ 참고 자료

✎ '부치다'와 '붙이다'는 다른 의미를 지닌다. 그런데 '붙다'와 관련한 '붙이다'를 '붙히다'와 혼동하는 경우가 있지만 '붙히다'는 사전에 없다.

붙다 → 붙이다
(사동사)
(타동사)
(자동사)

· '붙다'와 '붙이다'의 동사 성격을 고려하여, 다음 밑줄 친 부분의 올바른 표기에 대해 설명해보자.

① 학과 게시판에 기말 시험 관련 공고문이 <u>붙어 있다/붙여 있나.</u>
② 이제 한국어와 한국 생활에 재미를 <u>붙어 가고/붙여 가고</u> 있다.
③ 계획한 대로 쉴 틈을 주지 않고 상대방을 <u>밀어붙였다/밀어부쳤다.</u>

⑤ 적용 및 활용

1. 책에 메모한 내용을 <u>붙이다.</u>
2. 시골에 계시는 부모님께 용돈을 <u>부쳤다.</u>
3. 비가 오는 날씨에는 항상 부침개를 <u>붙여</u> 먹었다.

21. '빌어' / '빌려'

이 자리를 ㉠빌어 감사의 말씀을 드립니다.

그는 늘 남의 집을 돌아다니며 밥을 ㉡빌려먹다.

1 의미적 특징

• '빌다'는 의미가 다른 두 형태로 나타난다.

빌다¹
[빌:다]

통 1. 바라는 바를 이루게 하여 달라고 신이나 사람, 사물 따위에 간청하다. 2. 잘못을 용서하여 달라고 호소하다. 3. 생각한 대로 이루어지길 바라다.

빌다²
[빌다]

통 남의 물건을 공짜로 달라고 호소하여 얻다.

※ '빌다¹'과 '빌다²'는 의미가 다른 '동음이의어' 관계이다.

• '빌리다'는 한 형태에 여러 가지 의미 기능이 드러난다.

빌리다
[빌:리다]

통 1. 남의 물건이나 돈 따위를 나중에 도로 돌려주거나 대가를 갚기로 하고 얼마 동안 쓰다.
통 1. 남의 도움을 받거나 사람이나 물건 따위를 믿고 기대다. 2. 일정한 형식이나 이론, 또는 남의 말이나 글 따위를 취하여 따르다. 3. 어떤 일을 하기 위해 기회를 이용하다.

· '빌다'와 '빌리다'의 의미 차이를 정리하면 다음과 같다.

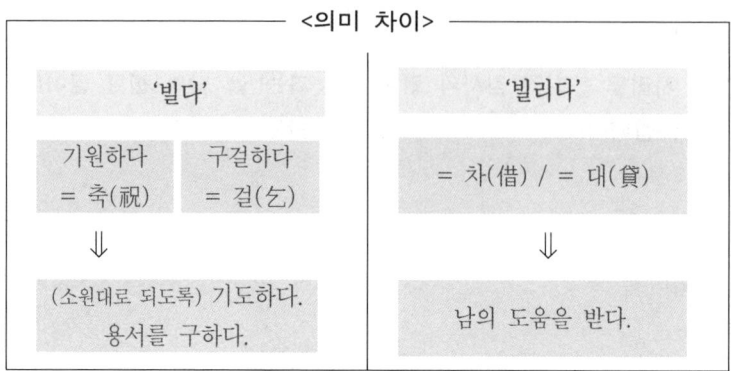

② 기본형 및 활용형의 차이

· '빌어': 기본형 '빌다'의 활용형.

'빌-' + '-다, -러, -어, -었-' … ⇨ 빌다, 빌러, 빌어(었) …

· '빌려': 기본형 '빌리다'의 활용형.

'빌리-' + '-다, -러, -어, -었-' … ⇨ 빌리다, 빌리러, 빌려(렸) …

③ 문제 풀이

(풀이) 1. '빌어'는 '빌다'의 의미가 필요한 자리에, '빌려'는 '빌리다'의 의미
가 필요한 자리에 삽입한다.

(풀이) 2. ㉠은 이 자리를 '기원' 또는 '구걸', '용서'하는 것이 아니다. 감사의
말씀을 전하지 못한 기회를 지금 이 자리를 이용하거나 빌리는 상황이
다. ㉡은 밥을 거저 얻어먹는 의미의 '빌다'와 관련된다.

⇩

- 이 자리를 ㉠ [빌려] 감사의 말씀을 드립니다.
- 그는 늘 남의 집을 돌아다니며 밥을 ㉡ [빌어먹다] .

④ 참고 자료

✎ 표준어 규정 제2장, 제1절 제6항은 '빌리다'의 의미로 '빌다'를 쓰지 못한다고 규정하고 있다.

❶ 종래에는 '빌다'에 [乞, 祝]의 의미 외에 [借]의 뜻이 있다고 보아 [貸]의 의미를 갖는 '빌리다'와 구별하여 사용했다. 그러나 이러한 구별이 쉽지 않고 오히려 표기에 혼란만 준다는 이유로 '빌다'가 갖던 '借'의 의미를 제거하고, '빌리다'가 이를 대신하도록 하였다.

❷ '빌리다'는 한자어 '貸'의 의미를 갖는다. 그렇다면 한자어 '임대'(賃貸)와 '임차'(賃借)를 우리말로는 어떻게 표기해야 할까? 임대는 '빌려 주다'에 해당하고, '임차'는 '빌려 오다'에 해당한다.

✎ '어간 끝 받침이 'ㄹ'인 '빌다'는 어미의 첫소리 '-ㄴ, -ㅂ, -ㅅ' 및 '-오, -ㄹ' 앞에서 어간 'ㄹ'이 탈락한 '빈, 빕니다, 빕시다, 비오, 빌수록' 등으로 활용하며, 명사형 어미 '-ㅁ'이 결합한 '밂'이라는 명사형으로 쓰인다.

✎ "이 자리를 빌려 감사의 말씀을 드립니다."의 '빌려'는 "일정한 형식이나 이론, 또는 남의 말이나 글 따위를 취하여 따르다."라는 의미의 '빌리다'와 관계가 있다. 다음의 용례를 참고하라.

성인의 말씀을 <u>빌려</u> 설교하다.
그는 수필이라는 형식을 <u>빌려</u> 자기의 속 이야기를 풀어 갔다.
'향찰'(鄕札)은 한자의 음과 뜻을 <u>빌려</u> 국어 문장 전체를 적은 표기법이다.

5 적용 및 활용

1. **친구 집에서 밥을 <u>빌려먹다</u>.**
2. **여우가 호랑이의 위세를 <u>빌어</u> 호기를 부린다.**
3. **국민들의 힘을 <u>빌어</u> 이 위기를 극복하고자 합니다.**

22. '삼가다' / '삼가하다'

> **술은 심장에 좋지 않으니 과한 음주를 ㉠삼가하세요.**

> **이곳은 금연 구역이니 흡연을 ㉡삼가해 주세요.**

1 형태·의미적 특징

· '학교, 병원' 등 공공장소에서 흔히 볼 수 있는 표현 중, 조심해 달라는 의미의 '삼가하다'가 있는데, 이는 '삼가다'의 잘못이다.

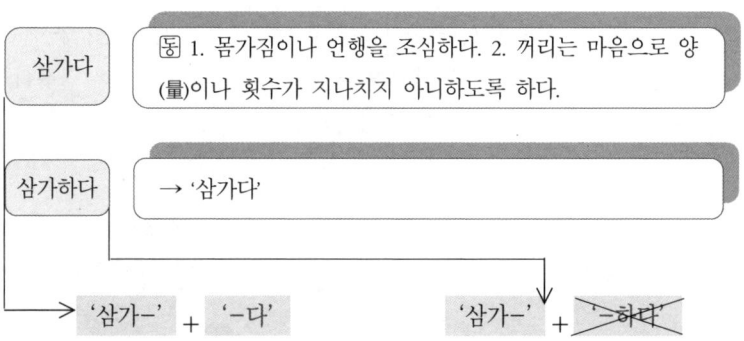

※ 사전에 '삼가하다'는 단어는 존재하지 않는다. 항상 '삼가다'를 사용해야 한다.

· 위의 사전적 의미를 바탕으로, 예문의 밑줄 친 표현을 바르게 고쳐보자.

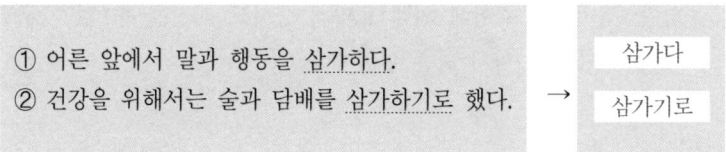

- '삼가다'는 어간 '삼가-'와 어미 '-다'가 결합한 동사의 기본형으로, 다음과 같은 활용 양상을 보인다.

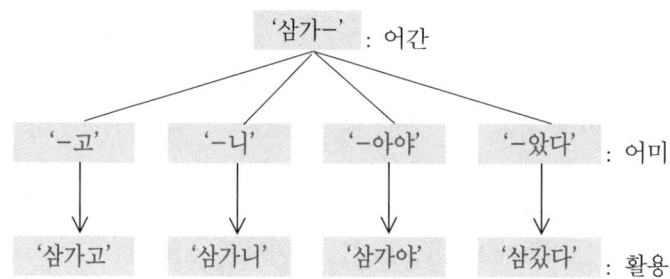

- '삼가하다'를 일부 명사나 부사 그리고 몇몇 어근 뒤에 붙어 동사나 형용 사를 만드는 접미사 '-하다'가 결합한 단어로 인식하는 것은 잘못이다. 먼 저 접미사 '-하다'의 용법을 확인해보자.

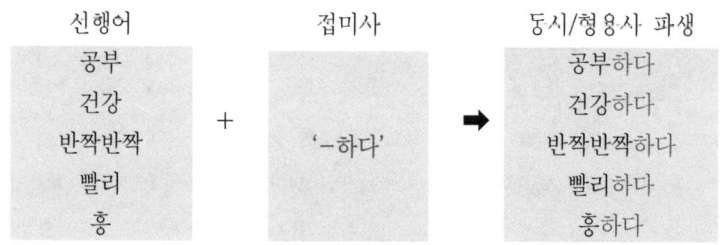

접미사 '-하다'가 결합하는 선행어(명사, 부사, 어근 등)와 달리 동사는 '- 하다' 접미사의 결합에 의해 또다시 동사로 파생될 수 없는 구조이다. 동사인 '삼가다' 역시 같은 원리이다.

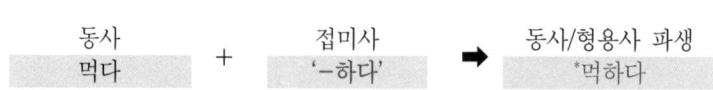

③ 문제 풀이

(풀이) 1. '몸가짐이나 언행을 조심하다. 꺼리는 마음으로 양(量)이나 횟수가 지나치지 아니하도록 하다.'는 의미의 표준어는 '삼가다'이다.

(풀이) 2. ㉠에는 (풀이)1 '삼가다'의 어간 '삼가-'에 '-시어요'의 준말인 어미 '-세요'가 결합한 형태를 써야 한다. '삼가하-+-세요'가 아니다. ㉡에도 '삼가다'의 어간 '삼가-'에 보조 용언 '-아/어 주다'가 결합한 형태를 써야 한다. 이 역시 '삼가하-+-여 주세요'의 구조가 아님을 주의해야 한다.

⇩

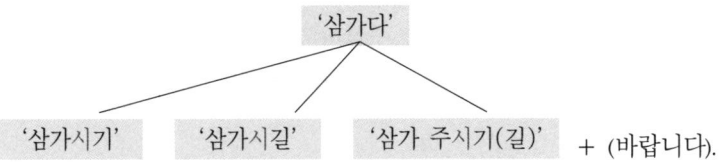

- 술은 심장에 좋지 않으니 과한 음주를 ㉠ <u>삼가세요</u> .
- 이곳은 금연 구역이니 흡연을 ㉡ <u>삼가 주세요</u> .

④ 참고 자료

✎ '삼가다'에 주체 높임 선어말 어미 '-시-'가 결합하는 모습의 활용 형태는 다음과 같다.

'삼가다'

'삼가시기'   '삼가시길'   '삼가 주시기(길)'   + (바랍니다).

※ '삼가 주십시오.' 또는 '삼가 주시기 바랍니다.'는 본용언과 보조 용언이 이어진 구성으로, 각각 띄어 적는 것이 원칙이다. 그러나 '-아/-어' 뒤에 이어지는 보조 용언은 본용언에 붙여 쓸 수 있으므로, '삼가주십시오.', '삼가주시기 바랍니다.'와 같이 쓸 수 있다.

✎ '삼가다'의 비표준어 '삼가하다'처럼 원래 '하-'가 없는 말에 '하-'를 덧붙여 잘못 쓰는 또 다른 용례에 주의해야 한다.

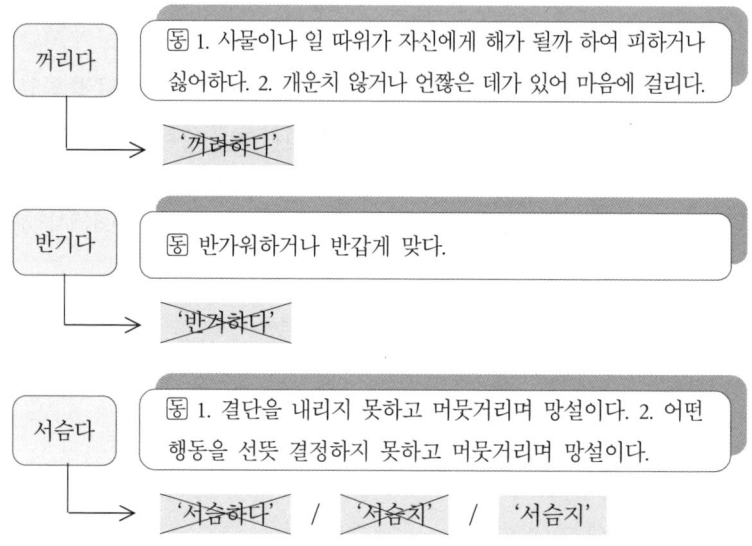

꺼리다 → 图 1. 사물이나 일 따위가 자신에게 해가 될까 하여 피하거나 싫어하다. 2. 개운치 않거나 언짢은 데가 있어 마음에 걸리다.
→ '꺼려하다'

반기다 → 图 반가워하거나 반갑게 맞다.
→ '반겨하다'

서슴다 → 图 1. 결단을 내리지 못하고 머뭇거리며 망설이다. 2. 어떤 행동을 선뜻 결정하지 못하고 머뭇거리며 망설이다.
→ '서슴하다' / '서슴지' / '서슴지'

5 적용 및 활용

1. 제발 '삼가해'를 삼가세요.
2. 실내에서는 흡연을 삼가 주십시오.
3. 웃어른 앞에서는 흡연을 삼가해야 합니다.

23. '싣다' / '실다'

완도에서 차를 배에 ㉠<u>실고</u> 제주도로 갔다.	"여객기에 화물 ㉡<u>실어도</u> 된다."… 국토부, 적재 기준 완화

① 형태·의미적 특징

· '싣다'와 '실다'는 기본형에 대한 인식에 앞서 발음의 편리성 때문에 표기가 헷갈리는 단어이다. 즉, '싣다'라는 원형보다 [실다], [실고]로 발음하기 것이 편하기에 '실다'와 '실고'로 표기하는 경향이 많다. 그러나 '실다'와 '실고'는 '싣다'와 '싣고'의 잘못된 표기이다.

싣다	동 1. 물체나 사람을 옮기기 위하여 탈것, 수레, 비행기, 짐승의 등 따위에 올리다. 2. 사람이 어떤 곳을 가기 위하여 차, 배, 비행기 따위의 탈것에 오르다. 3. 글, 그림, 사진 따위를 책이나 신문 따위의 출판물에 내다. 4. 다른 기운을 함께 품거나 띠다. 5. 보나 논바닥에 물이 괴게 하다.
실다	→ 싣다.

※ 표준어 규정 제2장, 제4절 제17항에서는 발음이 비슷한 형태 여럿이 아무런 의미 차이가 없이 함께 쓰일 때에는, 그중 널리 쓰이는 한 가지 형태만을 표준어로 삼도록 규정하고 있다. 곧 복수 표준어로 인정하면 오히려 혼란을 일으키기 쉽다고 보아서 단수 표준어로 처리하는 것이다. 따라서 '실다'는 버리고 '싣다'를 표준어로 삼는다.(출처: 21세기 세종계획 누리집, 한민족 언어 정보, 어문 규정).

② '亡' 불규칙 활용과 한글 맞춤법

· '싣다'의 어간 말음 '亡'은 모음으로 시작되는 어미 앞에서 'ㄹ'로 변하는데, 이러한 활용을 하는 용언을 '亡 불규칙 용언'이라고 한다(자음의 어미 앞에서는 형태 변화가 일어나지 않는다.).

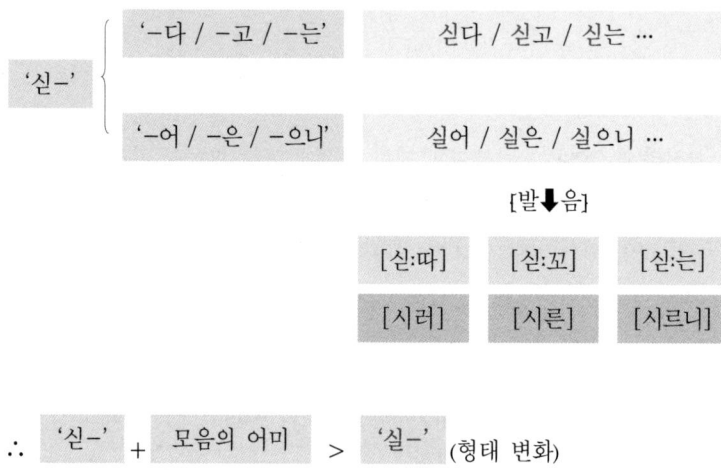

∴ '싣-' + 모음의 어미 > '실-' (형태 변화)

· '한글 맞춤법 제4장, 제2절 제18항(다음과 같은 용언들은 어미가 바뀔 경우, 그 어간이나 어미가 원칙에 벗어나면 벗어나는 대로 적는다.)에 따라 다음과 같이 표기한다.

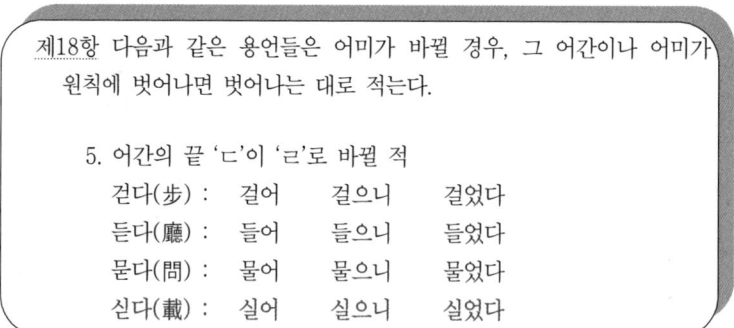

제18항 다음과 같은 용언들은 어미가 바뀔 경우, 그 어간이나 어미가 원칙에 벗어나면 벗어나는 대로 적는다.

5. 어간의 끝 '亡'이 'ㄹ'로 바뀔 적
  걷다(步) : 걸어   걸으니   걸었다
  듣다(廳) : 들어   들으니   들었다
  묻다(問) : 물어   물으니   물었다
  싣다(載) : 실어   실으니   실었다

③ 문제 풀이

(풀이) 1. '싣다'와 '실다'는 잘못된 발음의 영향으로 표기에 어려움이 있는 단어이다. '탈것에 올리다.' 또는 '탈것에 오르다.'는 의미의 원형은 '싣다'뿐이다. '실다'라는 발음과 표기는 잘못이다.

(풀이) 2. ㉠에는 탈것인 '배'에 차를 올리는 행위의 동사를 써야 하며, ㉡에는 'ㄷ' 불규칙 용언인 '싣다'의 활용형을 써야 한다. 용언의 어간 받침 'ㄷ'이 모음의 어미와 만나 활용하면 'ㄹ'로 바뀌게 된다.

⇩

- 완도에서 차를 배에 ㉠ **싣고** 제주도로 갔다.
- "여객기에 화물 ㉡ **실어도** 된다."... 국토부, 적재 기준 완화

④ 참고 자료

✎ 한글 맞춤법 제18항의 '걷다', '듣다', '묻다', '싣다'와 달리 동일한 'ㄷ' 받침 어간의 단어임에도 형태의 변화가 없는 규칙 활용어도 있다.

'묻-'	'-다 / -고 / -는'	묻다 / 묻고 / 묻는
	'-어 / -은 / -으니'	묻어 / 묻은 / 묻으니

※ 'ㄷ 불규칙 용언'인 '묻다(問)와 달리 '묻다¹'(가루, 풀, 물 따위가 그보다 큰 다른 물체에 들러붙거나 흔적이 남게 되다.)과 '묻다²'(물건을 흙이나 다른 물건 속에 넣어 보이지 않게 쌓아 덮다.)는 규칙 용언으로 어떠한 환경에서도 어간의 변화가 일어나지 않는다. '닫다, 돋다, 믿다, 얻다' 등도 이에 해당한다.

✎ '싣다'에 해당하는 한자어에서도 '싣-'과 '실-'의 두 가지 형태를 확인할
수 있다.

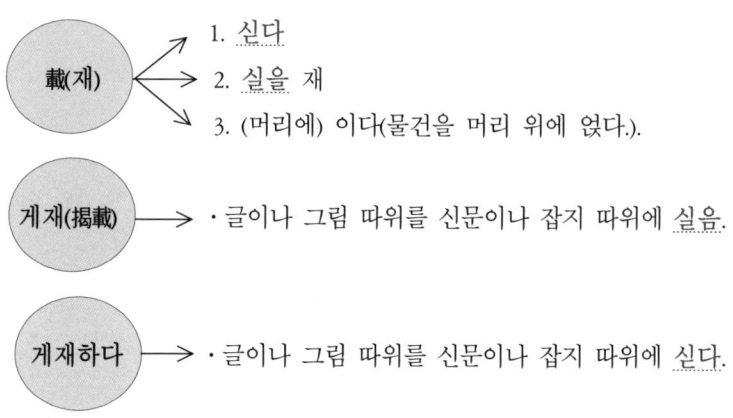

· 다음 '싣다'의 활용 방식을 바탕으로, 예문의 알맞은 표현을 찾아보자.

| 짐을 싣기(*실기) 시작했다. | 짐을 실으면(*실면) 출발한다. |

· 체중이 {불으면(√) / 불면(   )} 안 좋다.
· 국수가 {불으면(√) / 불면(   )} 맛이 없다.
· 비가 많이 와서 강물이 {붇기(√) / 불기(   )} 전에 건너야 한다.

5 적용 및 활용

1. 화물차에 짐을 실어 옮기다.
2. 얼굴에 웃음을 가득 실고 있었다.
3. 교내 홈페이지에 작년 입시 결과를 실어 제공하다.

24. '썩다' / '섞다'

가방에서 우유 ㉠섞은 냄새가 진동한다.

저학년과 고학년을 ㉡썩은 조의 성적이 좋다.

① 의미적 특징

· '썩다'와 '섞다'는 형태와 의미가 다른 개별 단어이다. 그럼에도 불구하고 발음의 유사성으로 인해 표기에 혼란이 많다.

썩다	图 1. 유기물이 부패 세균에 의하여 분해됨으로써 원래의 성질을 잃어 나쁜 냄새가 나고 형체가 뭉개지는 상태가 되다. 2. 물건이나 사람 또는 사람의 재능 따위가 쓰여야 할 곳에 제대로 쓰이지 못하고 내버려진 상태에 있다. 3.「(…을)」걱정이나 근심 따위로 마음이 몹시 괴로운 상태가 되다.
섞다	图 1. 두 가지 이상의 것을 한데 합치다. 2. 어떤 말이나 행동에 다른 말이나 행동을 함께 나타내다.

※ 1. '썩다'는 위의 세 가지 의미 외에, '사람 몸의 일부분이 균의 침입으로 기능을 잃고 회복하기 어려운 상태가 되다.', '쇠붙이 따위가 녹이 심하게 슬어 부스러지기 쉬운 상태가 되다.', '사회의 조직이나 기관, 또는 사람의 사고방식이나 생각 따위가 건전하지 못하고 부정이나 비리를 저지르는 상태가 되다.', '사람의 얼굴이 윤기가 없이 검고 꺼칠한 상태가 되다.', '흔할 정도로 많은 상태에 있다.' 등의 의미 기능도 지닌다.

※ 2. '썩다'와 '섞다'를 '썪다'와 '석다'로 표기할 수 없다.

· 다음 예문의 괄호 안에 적절한 단어를 찾아 표기해보자.

> · 음식물이 {썩어(√) / 섞어( )} 냄새가 난다.
> · 건강을 위해 쌀과 보리를 {썩은( ) / 섞은(√)} 밥을 먹는다.

② 형태적 특징

· '썩다'는 접미사 '-이-'와 '-히-'에 의해 다음과 같은 파생어가 형성되는데 의미의 구별이 필요하다.

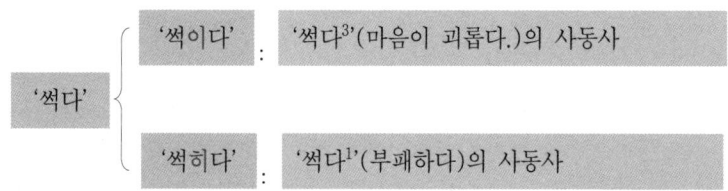

'썩다'
- '썩이다' : '썩다³'(마음이 괴롭다.)의 사동사
- '썩히다' : '썩다¹'(부패하다)의 사동사

> ※ '썩이다'는 감정이나 속을 태우는 것이고, '썩히다'는 음식이나 물건을 오래 두는 것이다.

· '섞다'는 접두사 '뒤-' 그리고 접미사 '-이-'에 의해 다음과 같은 파생어가 형성된다.

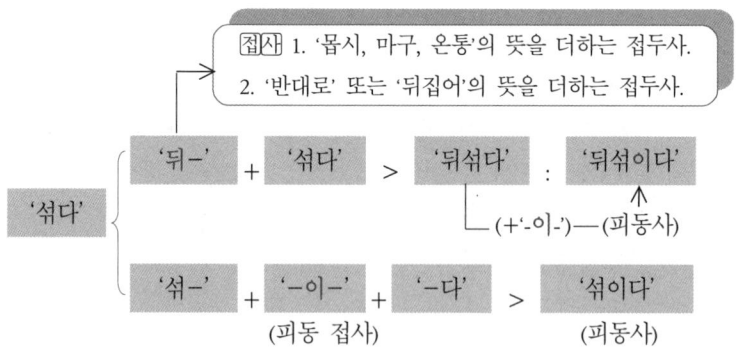

접사 1. '몹시, 마구, 온통'의 뜻을 더하는 접두사.
2. '반대로' 또는 '뒤집어'의 뜻을 더하는 접두사.

'섞다'
- '뒤-' + '섞다' > '뒤섞다' : '뒤섞이다'
  └ (+'-이-')—(피동사)
- '섞-' + '-이-' + '-다' > '섞이다'
  (피동 접사)   (피동사)

③ 문제 풀이

(풀이) 1. ㉠에는 '유기물(우유)이 부패 세균에 의하여 분해됨으로써 원래의 성질을 잃어 나쁜 냄새가 나고 형체가 뭉개지는 상태가 되다.'는 의미를 지닌 단어의 관형형을 써야 한다.

(풀이) 2. ㉡에는 'A와/과 B을/를 한데 합치다.'는 의미를 지닌 단어의 관형형을 써야 한다.

⇩

- 가방에서 우유 ㉠ 썩은 냄새가 진동한다.
- 저학년과 고학년을 ㉡ 섞은 조의 성적이 좋다.

④ 참고 자료

✎ '썩다'와 '섞다'는 초성과 종성이 각기 다른 자음으로 표기하는 단어임에 비해 '깎다'와 '꺾다'는 동일한 자음의 된소리로 표기하는 단어이다.

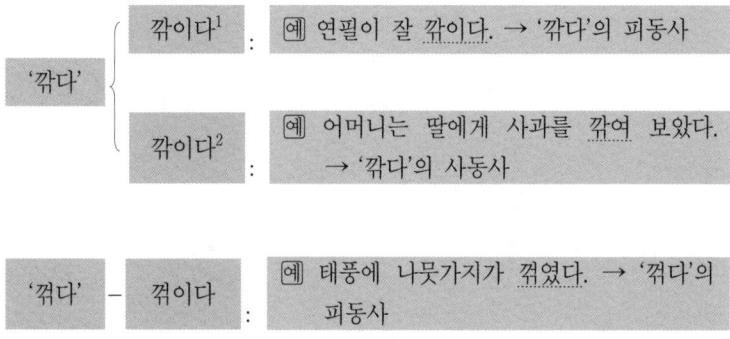

'깎다' ┌ 깎이다¹ : 예 연필이 잘 깎이다. → '깎다'의 피동사
      └ 깎이다² : 예 어머니는 딸에게 사과를 깎여 보았다. → '깎다'의 사동사

'꺾다' ─ 꺾이다 : 예 태풍에 나뭇가지가 꺾였다. → '꺾다'의 피동사

※ '깎다'와 '꺾다'의 된소리 받침을 '깍다'와 '꺽다'처럼 평음으로 표기해서는 안 된다.

5 적용 및 활용

1. 이빨이 썩어 병원에 갔다.
2. 물과 기름은 잘 섞이지 않는다.
3. 주말에는 정원의 잔디를 기계로 깍았다.

25. '쏘이다' / '쐬어' / '쏘여'

> 벌에 ㉠쐬여 얼굴이 통통 부었다.

> 통상보다 많은 방사선을 ㉡쐬였다는 사실이 밝혀졌다.

1 형태·의미적 특징

· '쏘다' 1과 2의 의미에 대한 피동사는 '쏘이다'이다.

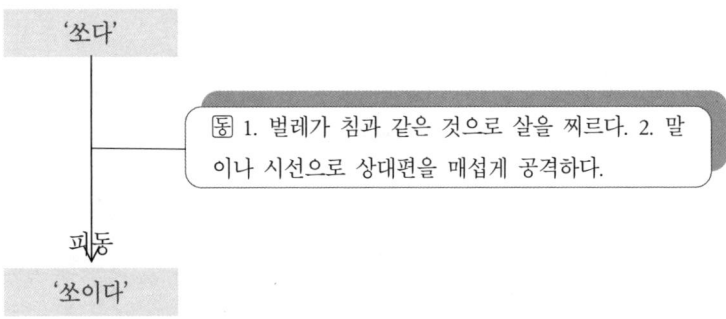

'쏘다'

图 1. 벌레가 침과 같은 것으로 살을 찌르다. 2. 말이나 시선으로 상대편을 매섭게 공격하다.

피동

'쏘이다'

· 피동사 '쏘이다'의 준말은 '쐬다'이다.

'쏘이다' : '쏘다1'의 피동사 준말 → '쐬다'

> 제37항 'ㅏ, ㅕ, ㅗ, ㅜ, ㅡ'로 끝난 어간에 '-이-'가 와서 각각 'ㅐ, ㅖ, ㅚ, ㅟ, ㅢ'로 줄 적에는 준 대호 적는다. 예 싸이다>쌔다, 펴이다>폐다, 보이다>뵈다, 누이다>뉘다, 뜨이다>띄다, 쓰이다>씌다

2 '쏘이다'의 활용의 특징

· '쏘이다'의 어간 '쏘이-'와 어미 '-어'는 두 가지 형태의 결합이 가능하다.

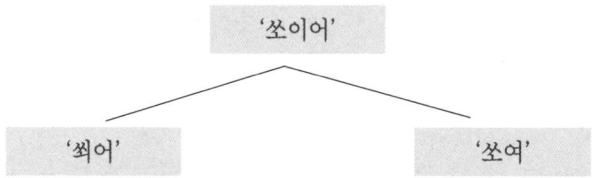

· 벌레에 쏘이어 / 쐬어 / 쏘여 손이 가렵다.
· 벌레에 쏘이었다 / 쐬었다 / 쏘였다.

· 한글 맞춤법 제38항은 어간 끝 모음 'ㅏ, ㅗ, ㅜ, ㅡ'의 뒤에 '-이어'가 결합한 준말 형태 두 가지를 인정한다.

❶ '-이'가 앞 음절에 올라붙어 줄어듦. 예 쏘이어>쐬어

❷ '-이'가 뒤 음절에 이어져서 줄어듦. 예 쏘이어>쏘여

본말	준말	본말	준말
싸이어	쌔어 싸여	뜨이어	띄어
쏘이어	쐬어 쏘여	쓰이어	씌어 쓰여
누이어	뉘어 누여	트이어	틔어 트여

본말	준말	본말	준말
고이었다	괴었다 고였다	조이었다	죄었다 조였다
트이었다	틔었다 트였다	쓰이었다	씌었다 쓰였다

3 문제 풀이

(풀이) 1. '쏘이다'의 활용형에서 '-이-'는 앞 음절 또는 뒤 음절에 연결되어 줄어드는데, 두 형태 모두를 표준어로 인정한다.

(풀이) 2. ㉠에는 '쏘이다'의 준말 형태인 '쐬어'나 '쏘여' 모두 사용 가능하고, ㉡에는 '쐬다'(얼굴이나 몸에 바람이나 연기, 햇빛 따위를 직접 받다.)와 같은 말인 '쏘이다'의 과거형을 사용하면 된다.

⇩

• 벌에 ㉠ 쐬어/쏘여 얼굴이 퉁퉁 부었다.
• 통상보다 많은 방사선을 ㉡ 쏘였다/쐬었다 는 사실이 밝혀졌다.

4 참고 자료

✎ '쏘이어'의 준말인 '쐬-'에 '-이어', '-이었다'가 붙은 '쐬여, 쐬였다'는 사용이 불가능하다.

· 쏘이다: 쐬어(O), 쏘여(O), 쐬여(X)
· 누이다: 뉘어(O), 누여(O), 뉘여(X)

✎ '뜨이어'는 준말 형태 '띄어, 뜨여'를 모두 인정하는 경우와 그렇지 않은 경우가 있어 주의해야 한다.

❶ '감았던 눈을 벌리다.'는 의미일 때: '눈이 띄어', '눈이 뜨여'는 사용 가능한 표현이다.

❷ '공간 및 시간의 간격'의 의미일 때: '띄어쓰기', '띄어 앉기'만 사용 가능하고, '*뜨여쓰기/*뜨여 앉기'는 사용 불가능하다.

5 적용 및 활용

1. 바람을 **쐐다**.
2. 산에서 말벌에 **쐬였다**.
3. 공부하다가 힘들면 바람이나 좀 **쐐**.

26. '알맞은' / '알맞는'

다음 중 윗글의 내용에 ㉠알맞는 것을 고르시오.

다음 중 '여쭤다'의 활용형으로 ㉡알맞은 것을 고르시오.

① 용언의 활용

- '알맞은'과 '알맞는' 중 올바른 표현을 찾기 위해서는 용언의 '활용'에 대한 이해가 전제되어야 한다.

- '활용'과 관련한 용어에는 '활용어', '어간/어미', '규칙 활용/불규칙 활용' 등이 있다.

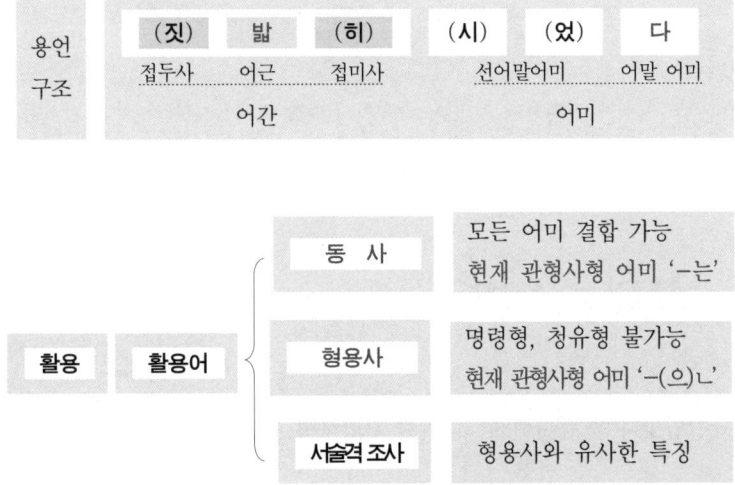

※ '활용'은 어간에 다양한 어미가 결합하여 형태가 바뀌는 현상으로, '규칙/불규칙 활용'으로 구분된다.

2 '동사/형용사'의 현재 관형사형 어미

· 일반적으로 명사를 수식하는 것은 관형사이고 원칙적으로 동사와 형용
사의 기본형은 명사를 수식할 수 없다. 다만, 동사와 형용사가 명사를 수
식하려면 그 형태를 관형사형으로 바꾸어야 하는데, 그 역할을 하는 어
미가 '관형사형 어미'이다.

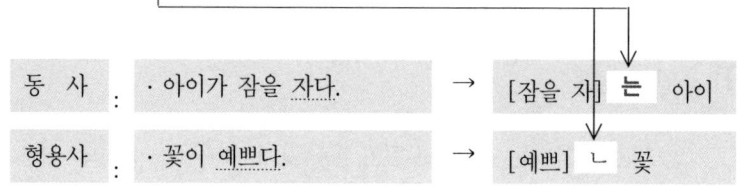

| 동 사 : | · 아이가 잠을 자다. | → | [잠을 자] 는 아이 |
| 형용사 : | · 꽃이 예쁘다. | → | [예쁘] ㄴ 꽃 |

· 현재 관형사형 어미 '-는'과 '-(으)ㄴ'이 결합하는 환경은 다음과 같다.

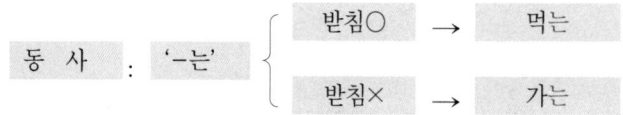

| 동 사 : | '-는' | 받침○ → 먹는 |
| | | 받침× → 가는 |

※ 동사에 관형사형 어미 '-(으)ㄴ'이 결합할 때에는 현재가 아닌 과거의 시제를
나타냄에 주의해야 한다. 예 어제 먹은 치킨 / 어제 간 곳

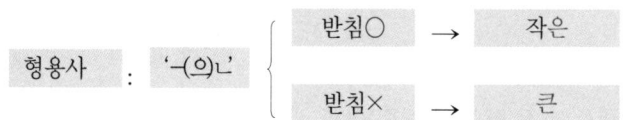

| 형용사 : | '-(으)ㄴ' | 받침○ → 작은 |
| | | 받침× → 큰 |

· '알맞다'의 품사에 따라 현재 관형사형 어미 '-는', '-(으)ㄴ'이 결정된다.

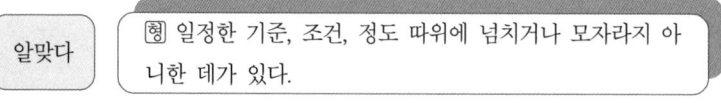

| 알맞다 | 형 일정한 기준, 조건, 정도 따위에 넘치거나 모자라지 아
니한 데가 있다. |

③ 문제 풀이

(풀이) 1. 용언의 어간에 결합하는 현재 관형사형 어미는 품사에 따라 달라진다. 즉, 동사에는 '-는'이, 형용사에는 '-(으)ㄴ'이 결합하여 활용을 한다.

(풀이) 2. '알맞다'의 품사는 형용사이므로, 이에 결합하는 현재 관형사형 어미는 '-(으)ㄴ'이다. 따라서 ㉠과 ㉡에는 동사와 결합하는 현재 관형사형 어미 '-는'을 사용할 수 없다.

⇩

- 다음 중 윗글의 내용에 ㉠ 알맞은 것을 고르시오.
- 다음 중 '여쭈다'의 활용형으로 ㉡ 알맞은 것을 고르시오.

④ 참고 자료

✎ 형용사 '알맞다'의 현재 관형사형을 '알맞는'으로 잘못 이해하는 데에는 '맞다'의 영향이 커 보인다.

맞다¹　　圖 1. 문제에 대한 답이 틀리지 아니하다. 2. 말, 육감, 사실 따위가 틀림이 없다. 3. '그렇다' 또는 '옳다'의 뜻을 나타내는 말.

동사 : 　맞- 　+ 　-는 　> 　맞는

맞- 　+ 　-는다 　> 　맞는다

➙ 현재 사건이나 사실을 서술하는 뜻을 나타내는 종결 어미.

맞- 　+ 　-다 　> 　맞다

➙ '이다'나 용언의 활용형 중에서 기본형을 나타내는 종결 어미.

※ '맞다²'(오는 사람이나 물건을 예의로 받아들이다.)와 '맞다³'(외부로부터 어떤 힘이 가해져 몸에 해를 입다.) 역시 동사로 '맞는'으로 활용한다.

· 다음 괄호 안 기본형의 문맥에 맞는 활용형은 무엇일까? ('걸맞다'의 품사는 형용사, '맞다'은 동사이다.)

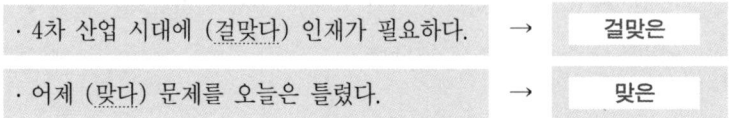

· 4차 산업 시대에 (걸맞다) 인재가 필요하다. → 걸맞은

· 어제 (맞다) 문제를 오늘은 틀렸다. → 맞은

⑤ 적용 및 활용

1. 자신에게 <u>알맞는</u> 투자 방법을 개발하라.
2. 다음 중 보기의 내용으로 <u>알맞지 않는</u> 것은?
3. '네 말이 <u>맞다</u>'의 올바른 표기는 '네 말이 <u>맞는다</u>'이다.

27. '어이없다' / '어의없다'

> 한국인이 가장 틀리기 쉬운 맞춤법 1위에 ㉠'어의없다'가 선정됐다.

> 골키퍼의 ㉡어이없는 실수로 상대 팀이 지고 말았다.

☐ 형태·의미적 특징

· 언중들이 가장 많이 틀리는 단어 중 하나가 '어이없다'이다. 즉, '어이없다'를 '어의없다'로 잘못 표기한다. 이러한 결과는 발음의 유사성에 기인한 것으로 보이지만, '어의없다'는 '어이없다'의 잘못이다.

| 어이없다 | 혱 일이 너무 뜻밖이어서 기가 막히는 듯하다. |

| 어의없다 | → 어이없다. |

※ 한 단어의 '어의없다'는 존재하지 않지만 문맥에 따라 '어의(가) 없다.'라는 표현은 가능하다. '어의'(語義: 단어나 말의 뜻), '어의'(御衣: 임금의 옷), '어의'(御醫: 궁궐 내에서, 임금이나 왕족의 병을 치료하던 의원)의 단어가 존재한다.

· '어이없다'는 '어이'와 '없다'의 합성어로서, 다음과 같은 활용형과 파생어가 형성된다.

| 어이-없다 | 어이없어, 어이없으니, 어이없고, 어이없는, 어이없지 |

↓

| 어이없-이 | 몜 일이 너무 뜻밖이어서 기가 막히는 듯하게. |

② 이중 모음 '의' 발음과 표기

· '어이없다'를 '어의없다'로 잘못 표기하는 근간에는 이중 모음 'ㅢ' 발음 (표준 발음법 제5항)과 표기의 관계를 지나치게 확대 해석한 결과이기도 하다.

> 제5항 'ㅑ ㅒ ㅕ ㅖ ㅘ ㅙ ㅛ ㅝ ㅞ ㅢ'는 이중 모음으로 발음한다.
>
> 다만 3. 자음을 첫소리로 가지고 있는 음절의 'ㅢ'는 [ㅣ]로 발음한다.
>   닐리리   닝큼   무늬   띄어쓰기   씌어
>   틔어   희어   희떱다 희망   유희
>
> 다만 4. 단어의 첫음절 이외의 '의'는 [ㅣ]로, 조사 '의'는 [ㅔ] 로 발음함도 허용한다.
>   주의[주의/주이]   협의[혀븨/혀비]
>   우리의[우리의/우리에]   강의의[강ː의의/강ː의에]

· '주의[주이]'와 '협의[혀비]'처럼 첫음절 이외의 '의'를 [ㅣ]로 발음하지만 이중 모음 'ㅢ'로 표기한다. 이에 따라 [어이]의 발음 표기 역시 '어의'일 것이라 생각하기 때문이다.

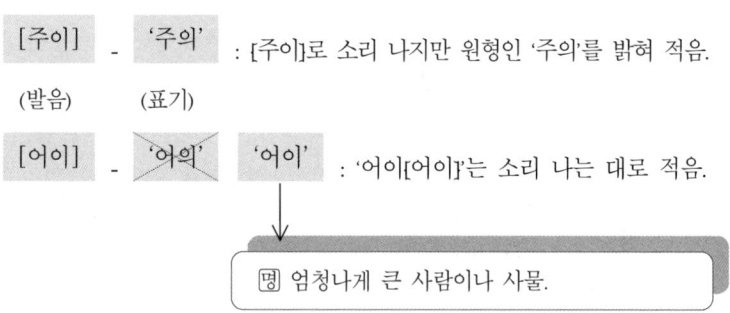

[주이] - '주의' : [주이]로 소리 나지만 원형인 '주의'를 밝혀 적음.

(발음)   (표기)

[어이] - '어의' '어이' : '어이[어이]'는 소리 나는 대로 적음.

> 명 엄청나게 큰 사람이나 사물.

3 문제 풀이

(풀이) 1. '일이 너무 뜻밖이어서 기가 막히는 듯하다.'는 단어는 '어이없다'
    이며, '어의없다'라는 형태의 단어는 없다. 다만, '어의'와 '없다'는 구의
    형태로 결합할 수는 있는데, 이 경우 '어의'는 '낱말의 뜻, 임금의 옷, 임
    금을 치료하던 의원'을 뜻한다.

(풀이) 2. ㉠에는 '기(氣)가 막히다.'(귀(×)가 막히다)는 의미를 지닌 단어를 써
    야 한다. ㉡은 ㉠에 들어갈 단어(어이없다)의 관형형으로, 올바른 표기이
    다('어이가 없다.'는 구의 형태로 표현할 수 있다.).

⇩

- 한국인이 가장 틀리기 쉬운 맞춤법 1위에 ㉠ 어이없다 '가 선정됐다.
- 골키퍼의 ㉡ 어이없는 실수로 상대팀이 지고 말았다.

4 참고 자료

✎ 표준어 규정 제26항(복수 표준어)에 따르면, '어이없다'는 '어처구니없다'
   와 의미가 유사한 복수 표준어 관계이다.

어처구니없다 - 어처구니없이, 어처구니없으니, 어처구니없는 …

※ '어처구니없다'는 한 단어이므로 항상 붙여 쓰고, 구 형태인 '어처구니가 없
   다.'는 띄어 쓸 수 있다.

✎ 사전의 역사적 정보에 따르면, '어이없다'는 다음의 변화 과정을 거친다.

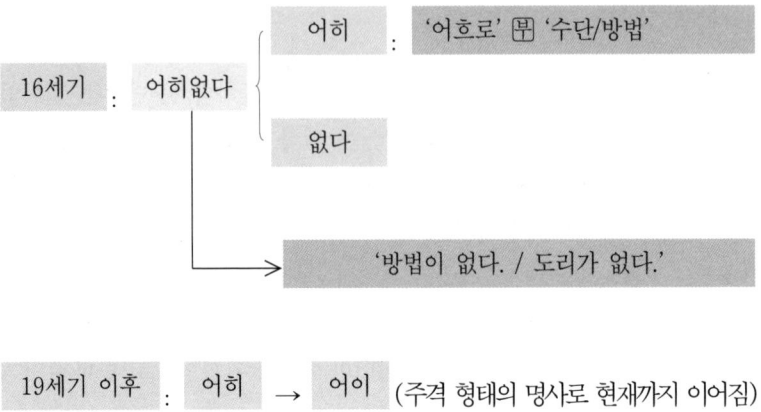

16세기 : 어히없다
- 어히 : '어흐로' 🈚 '수단/방법'
- 없다

→ '방법이 없다. / 도리가 없다.'

19세기 이후 : 어히 → 어이 (주격 형태의 명사로 현재까지 이어짐)

⑤ 적용 및 활용

1. "방귀 뀐 놈이 성낸다더니 어의가 없네."
2. 세상에는 정말 이해할 수 없는 어이없는 일도 많다.
3. 이해하기 어려울 만큼 황당한 일이 벌어지면 보통 '어이없다, 어처
   구니 없다'라는 관용적 표현을 사용한다.

28. '예' / '옛'

> 전설은 ㉠옛부터 전하여 내려오는 이야기이다.

> 바다를 보니 ㉡예 추억이 새록새록 나네요.

① 형태·의미적 특징

| 예 | 몡 (주로 '예'나 '예로부터' 꼴로 쓰여) 아주 먼 과거. |

| 옛[옏:] | 관 지나간 때의. |

② 품사의 특징

· '예': 명사는 사람이나 사물의 이름을 나타내는 품사이다. 대명사, 수사와 함께 주어, 목적어, 보어, 서술어 등의 주요 성분으로 기능한다. 명사가 문장의 여러 성분으로 기능하기 위해서는 문법적 관계(격 조사)를 나타내거나 의미를 분명하게 해 주는 조사(보조사)가 결합해야 한다.

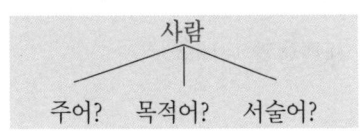

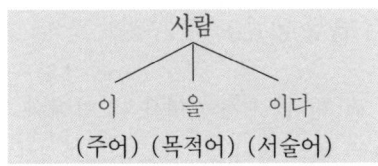

• '옛': 관형사는 체언(명사, 대명사, 수사) 앞에 놓여 그 체언의 내용을 자세히 꾸며 주는 품사이다. 조사가 결합할 수 없고 활용하지 않는다.

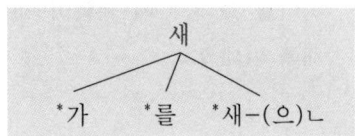

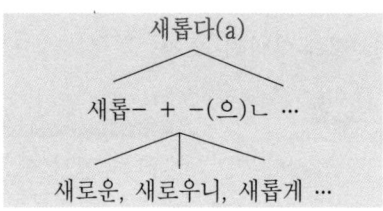

③ 문제 풀이

(풀이) 1. 명사는 조사와 결합할 수 있지만 관형사는 조사가 결합할 수 없다.

(풀이) 2. ㉠에는 조사 '부터'와 결합할 수 있는 품사가 와야 하며, ㉡에는 후행하는 명사를 꾸며줄 수 있는 품사가 와야 한다.

⇩

- 전설은 ㉠ 예 부터 전하여 내려오는 이야기이다.
- 바다를 보니 ㉡ 옛 추억이 새록새록 나네요.

④ 참고 자료

✎ 명사 '예'는 접미사 '-스럽다'와 결합하여 '예스럽다'(옛것과 같은 맛이나 멋이 있다.)는 형용사를 파생하기도 한다.

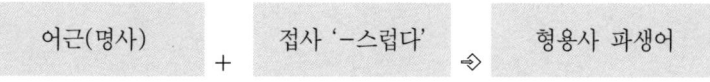

| 어근(명사) | + | 접사 '−스럽다' | ⇨ | 형용사 파생어 |

✎ 관형사 '옛'은 후행하는 명사와 결합하여 새로운 단어, 즉 '옛말, 옛일, 옛이야기, 옛적, 옛날, 옛사랑, 옛정, 옛집' 같은 합성어를 형성한다.

| 어근(관형사) | + | 어근(명사) | ⇨ | 명사 합성어 |

5 적용 및 활용

1. 예(로)부터 내려온 이야기가 많다.
2. 박물관에 옛스러운 모양의 도자기가 있다.
3. 예날 할머니께서 이야기를 많이 해 주셨다.

29. '왜' / '웬' / '왠지'

> ㉠웬지 오늘은 좋은 일이 생길 것 같아!

> "세계자연유산마을에 동물원이 ㉡왠 말이냐."

① 형태·의미적 특징

| 웬 | 관 1. 어찌 된. 2. 어떠한. |

| 왜 | 부 무슨 까닭으로. 또는 어째서. |

※ 한국어에 '왠'이라는 단독 형태는 존재하지 않는다.

| 왠지 | : '왜'+'-ㄴ지'. 부 '왜 그런지 모르게. 또는 뚜렷한 이유도 없이.' |

② 문법적 특징

· 관형사는 체언 앞에 놓여 그 체언의 내용을 자세히 꾸며 주는 품사로, 어미 활용을 하지 않는다. 따라서 '웬'은 의문형 어미 '-ㄴ지'가 결합할 수 없고, 항상 '웬'+'명사나 명사구'의 구성으로 나타난다.

③ 문제 풀이

(풀이) 1. ㉠에는 '특별한 이유 없이 좋은 일이 생길 것 같다.'는 추측의 의미를 나타내는 표현을 써야 한다.

(풀이) 2. ⓒ에는 후행하는 명사 '말'(言)을 꾸며줄 수 있는 품사의 성격을 지닌 표현을 써야 한다.

⇩

- ⓐ **왠지** **오늘은 좋은 일이 생길 것 같아!**
- **"세계자연유산마을에 동물원이** ⓑ **웬** **말이냐."**

4 참고 자료

✎ 관형사 '웬'은 '웬 말, 웬 소문, 웬 떡'과 같이 후행하는 명사와 띄어 써야 한다.

✎ 관형사 '웬'과 결합한 '웬일', '웬셈', '웬걸', '웬만큼＝웬만치', '웬만히', '웬만하다' 등은 합성어로 붙여 쓴다.

※ 웬-셈[웬ː셈] 명사. 1. 어찌 된 셈. 예 웬셈으로 밥을 다 사니?

5 적용 및 활용

1. **청소하다가 만 원을 줍다니 이게 웬 횡재냐?**
2. **매일 보는 그가 오늘 웬지 멋있어 보인다.**
3. **BTS, "왠만해선 그들을 막을 수 없다."**

30. '-으므로' / '-음으로'

타의 모범이 ㉠됨으로 이 상을
수여합니다.

그는 열심히 ㉡공부하므로 부
모님의 은혜에 보답한다.

1 '-(으)므로'의 의미와 이형태

· -(으)므로 에미 까닭이나 근거를 나타내는 연결 어미.

· '-(으)므로'의 이형태와 환경

'-으므로'	'-므로'
❶ '르'을 제외한 받침 있는 용언의 어간 뒤 ❷ 어미 '-었-', '-겠-' 뒤	❶ '이다', 받침 없는 용언, '르' 받침 용언의 어간 뒤 ❷ 어미 '-으시-' 뒤

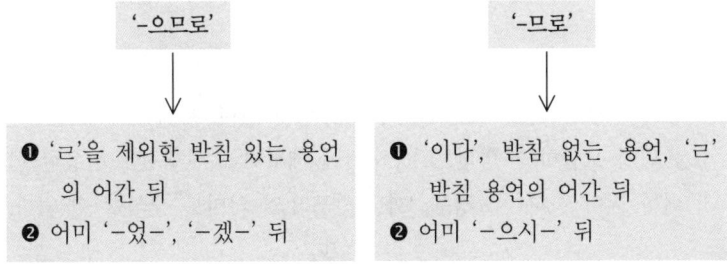

'-므로'	· 강물이 깊다. 건너갈 수 없다. · 모범 학생이었다. 늘 칭찬을 받았다.
'-으므로'	· 그는 부지런하다. 성공할 것이다. · 인격이 높으시다. 존경을 받는다.

② 형태적 특징

- ·'되(하)므로': 되(하)- + '-므로'

  └ 연결 어미

- ·'됨(함)으로': 되(하)- + '-ㅁ' + '으로'

  명사형 어미   부사격 조사

③ 문제 풀이

(풀이) 1. '-(으)므로'와 '-(으)ㅁ으로'는 구별해 써야 한다. '-(으)므로'는 '까닭'
이나 '근거'를 나타내는 연결 어미로, '-기 때문에'와 교체할 수 있다. 반
면, '-(으)ㅁ으로'는 '수단' 또는 '방법'의 의미를 나타내는 문법 형태로, '-
는 것으로'와 교체 가능하다.

(풀이) 2. ㉠에는 후행절 '이 상을 수여하는' 까닭이나 근거에 해당하는 내
용이 선행절에 필요한 어미 형태를 써야 한다. ㉡에는 후행절 '부모님의
은혜에 보답하는' 방법 또는 수단에 해당하는 선행절에 필요한 어미 형
태를 써야 한다. 이 경우, '까닭', '근거'의 의미로 해석할 수 없다.

⇩

- 타의 모범이 ㉠ 되므로 이 상을 수여합니다.
- 그는 열심히 ㉡ 공부함으로 부모님의 은혜에 보답한다.

④ 참고 자료

✎ '됨으로', '함으로'는 용언 어간에 명사형 어미와 조사 '으로'가 결합한 형
태로, '수단'과 '방법'의 의미를 나타낸다.

✎ '수단'과 '방법'의 의미를 갖는 '-(으)ㅁ으로'는 '써'의 결합 가능성에 따라 '-므로'와 그 성격을 달리 한다.

- 까닭의 '-므로' + 써 (불가)
- 수단의 '-(으)ㅁ으로' + 써 (가능)

✎ '그러므로'와 '그럼으로'도 의미가 다른 말로, 다음과 같은 형태의 차이가 나타난다.

- 그러므로 : '그렇다/그러다'의 어간 + '-므로'

  ↳ 까닭, 근거('그러니까, 그렇기 때문에, 그러하기 때문에, 그리하기 때문에')

- 그럼으로 : '그러다'의 명사형 + '으로'

  ↳ 수단, 방법('그렇게 하는 것으로(써)')

- 학교의 규정이 그러하므로 출입을 허가할 수 없다.

- 그는 열심히 공부한다. 그럼으로 선생님의 가르침에 보답한다.

⑤ 적용 및 활용

1. 당신이 있음으로 내가 있다.
2. 그는 부지런하므로 성공할 것이다.
3. 형은 열심히 일하므로써 삶의 보람을 느낀다.

31. '이예요' / '이에요'

> 자기 소개서는 다음 시간에 제
> 출할 과제㉠이예요.

> 자기 소개서는 다음 시간에 제
> 출할 과제㉡이어요.

① '이다'의 기능과 활용

- '이다'는 체언 뒤에 붙어 주어가 지시하는 대상의 속성이나 부류를 지정하는 뜻을 나타내는 서술격 조사로, '이것은 '커피(이)다.', '책상이다'와 같이 쓰인다.

- 서술격 조사 '이다'(이고/이며/이라서)는 용언처럼 활용을 한다.

'커피-이다'		'책상-이다'
커피+이+-어요	⇔	책상+이+-어요

※ '-어요'는 (끝음절 모음이 'ㅏ, ㅗ'가 아닌 용언의 어간 뒤나 '이다'의 어간 뒤에 붙어) '해요할 자리에 쓰여, 설명·의문·명령·청유의 뜻을 나타내는 종결 어미'이다.

'커피-이다'		'책상-이다'
커피+이+-에요	⇔	책상+이+-에요

※ '-에요'는 ('이다'나 '아니다'의 어간 뒤에 붙어) '해요할 자리에 쓰며, 설명·의문의 뜻을 나타내는 종결 어미'이다.

② '이에요'의 특징

• '이어요/이에요'는 명사와 결합하여 서술어로 기능하게 한다.

> 이것은 책상+이어요. / 책상+이에요.
> 이것은 커피+이어요. / 커피+이에요.

• 받침이 있는 명사 뒤에 결합한 '이어요/이에요'는 '이여요/이예요'로 적을 수 없다.

> 이것은 ⎰ 책상이어요. ⇒ *책상이여요.
> ⎱ 책상이에요. ⇒ *책상이예요.

• 받침이 없는 명사 뒤에 결합한 '이어요/이에요'는 '-여요/-예요'로 적을 수 있다.

> 이것은 ⎰ 커피이어요. ⇒ 커피여요.
> ⎱ 커피이에요. ⇒ 커피예요.

③ 문제 풀이

(풀이) 1. ㉠에는 선행어('과제')와 결합하여 서술어로 기능하게 하는 어미 형태가 필요하다.

(풀이) 2. ㉡의 선행어('과제')인 받침 없는 명사 뒤에 결합한 '이어요'와 '이에요'는 그 형태는 줄여 표현할 수 있다.

⇓

> - 자기 소개서는 다음 시간에 제출할 과제㉠ 이어요/이에요 .
>
> ⇊
>
> - 자기 소개서는 다음 시간에 제출할 과제㉠ 여요/예요 .

④ 참고 자료

✎ 명사 자체에 '이'가 있거나 받침 있는 사람 이름 다음에 '이'가 결합할 때는 '이에요'와 이의 줄임 형태인 '-예요'를 사용할 수 있다.

> 이 동물(사람)은 { 원숭이+이에요. ⇒ 원숭이예요.
> 영철이+이에요. ⇒ 영철이예요. }

✎ '-어요'와 '-에요'는 어미이므로 명사와 결합할 수 없고 항상 용언의 어간에 직접 결합한다.

> 아니다 { 아니-+-어요. ⇒ 아녀요.
> 아니-+-에요. ⇒ 아녜요. }

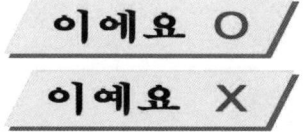

이에요 ○
이예요 ✕

⑤ 적용 및 활용

> 1. 이것은 **책이예요**.
> 2. 이것은 **나무예요**.
> 3. 이것은 책상이 **아니에요/아녜요**.

32. '있음' / '있슴'

교실에는 학생들이 책상에 앉
아 ㉠있읍니다.

교실에는 학생들이 책상에 앉
아 ㉡'있슴'.

① 형태·의미적 특징과 표준어 규정

· 현재 <표준국어대사전>의 '-습니다'와 '-읍니다' 중, 표준어 자격을 지닌
  형태는 '-습니다'뿐이다.

| -습니다 | 에미 하십시오할 자리에 쓰여, 현재 계속되는 동작이나 상대 를 있는 그대로 나타내는 종결 어미. |

| -읍니다 | → 습니다. |

※ 1988년 이전에는 '합쇼'체 등급에 해당하는 종결 어미로 '-읍니다'를, 그보다
  더 공손한 표현의 종결 어미로 '-습니다'를 사용하였다.

· 표준어 규정 제2장, 제4절 제17항에 '-습니다'만 단수 표준어로 정하였다.

제17항 비슷한 발음의 몇 형태가 쓰일 경우, 그 의미에 아무런 차이가 없고,
그중 하나가 더 널리 쓰이면, 그 한 형태만을 표준어로 삼는다.(ㄱ을 표
준어로 삼고, ㄴ을 버림.)

ㄱ	ㄴ	비고
-습니다	-읍니다	먹습니다. 없습니다. 있습니다. 모음 뒤에는 '-ㅂ니다'임.

② '있다'의 활용

· '있습니다'는 '있다'의 활용형이다. 어간 '있-'에 종결 어미 '-습니다'가 붙어서 이루어진 말로, '하십시오'체의 평서형이다. 그렇다면 다음 '있다'의 바른 활용형은 무엇일까?

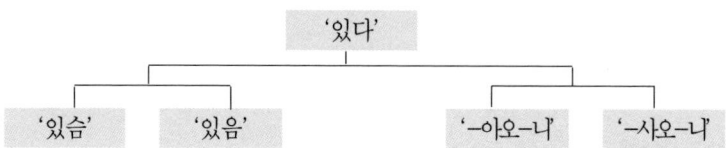

· 어간 '있-'과 어미의 결합으로 이루어진 구성이다. 표준형의 어미는 사전에 등재되어 있다. 따라서 '-습/-음'과 '-아오-/-사오-'의 사전적 정보를 먼저 확인해보자.

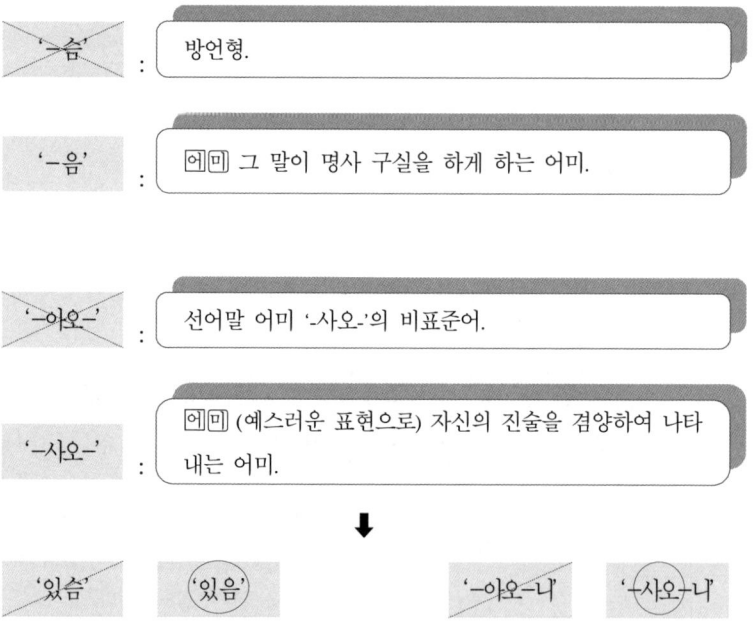

'~슴' : 방언형.

'-음' : 어미 그 말이 명사 구실을 하게 하는 어미.

'-아오-' : 선어말 어미 '-사오-'의 비표준어.

'-사오-' : 어미 (예스러운 표현으로) 자신의 진술을 겸양하여 나타내는 어미.

'있슴' (있음) '-아오-니' '-사오-니'

• 다음 밑줄 친 어미에 대한 이해를 바탕으로, 해당 어절의 구조와 의미를 파악해보자.

① 나라가 있<u>으매</u> 우리가 있다.
② 돈이 없고 있<u>음</u>에 너무 연연하지 마라.

3 문제 풀이

(풀이) 1. 자음 받침의 용언 어간에 붙는 '하십시오'체의 종결 어미는 '-습니다.'로, '-읍니다'는 표준어가 아니다. 따라서 '먹다'의 '하십시오'체는 '먹습니다'이다. ㉠의 기본형 '있다'와 '먹다'는 동일한 음운 환경이다.

(풀이) 2. '있다'의 명사 활용형을 찾아야 한다. 용언을 명사로 만드는 대표적인 어미에는 '-(으)ㅁ'이 있다. 따라서 자음 받침의 용언 '먹다'의 명사형은 '먹음'이다. ㉡의 '있다' 역시 '먹다'와 동일한 음운 환경이다.

⇩

• **교실에는 학생들이 책상에 앉아** ㉠ 있습니다 .
• **교실에는 학생들이 책상에 앉아** ㉡' 있음 '.

4 참고 자료

✎ '없다'의 활용형 표기에도 '있다'와 동일한 오류가 자주 나타난다.

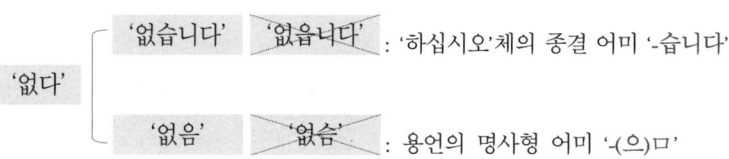

'없다' ┌ '없습니다'   ~~'없읍니다'~~ : '하십시오'체의 종결 어미 '-습니다'
       └ '없음'   ~~'없슴'~~ : 용언의 명사형 어미 '-(으)ㅁ'

✎ '있다', '없다'의 명사형을 '있슴', '없슴'으로 잘못 인식하는 이유를 다음 두 가지 측면에서 생각할 수 있다.

| ① | 표준어에서 '하십시오'체의 종결 어미가 '-습니다'로 통일되면서 명사형 또한 '-슴'으로 통일되었다고 잘못 인식한 이유이다. |
| ② | 어간 '있-', '없-'과 '-음'이 결합할 때 나타나는 발음 [씀]을 된소리되기 현상으로 파악하여 평음인 '-슴'으로 표기하는 이유이다. |

5 적용 및 활용

1. 맞춤법 실수 있읍니다.
2. 세상에 공짜는 없습니다.
3. 관련 있슴 38.0% 관련 없슴 34.9% 등으로 응답했다.

33. '조리다' / '졸이다'

어머니께서 반찬으로 멸치와 고추를 간장에 ㉠졸였다.

갈치에 양념이 배도록 국물을 오랫동안 ㉡조렸다.

① 의미적 특징

· '조리다'와 '졸이다'는 발음이 같고 그 의미 또한 유사하여 표기가 헷갈리는 맞춤법 중 하나이다. 두 단어는 의미가 서로 다른 표준어로 구별해 사용해야 한다.

조리다	동 1. 양념을 한 고기나 생선, 채소 따위를 국물에 넣고 바짝 끓여서 양념이 배어들게 하다. 2. 식물의 열매나 뿌리, 줄기 따위를 꿀이나 설탕물 따위에 넣고 계속 끓여서 단맛이 배어들게 하다.
졸이다	동 1. 찌개, 국, 한약 따위의 물을 증발시켜 분량을 적어지게 하다. 2. (주로 '마음', '가슴' 따위와 함께 쓰여) 속을 태우다시피 초조해하다.

※ 두 단어의 공통 의미는 '국물이 줄어든다.'이다. 전자는 국물이 줄어 음식물에 간이 스며들게 한다는 뜻이고, 후자는 국물의 양이 적어지게 한다는 뜻이다.

· 다음 예문의 괄호 안에 들어갈 알맞은 표현을 찾아보자.

· 간장에 쇠고기를 넣고 {조리면(√) / 졸이면( )} 장조림이 된다.
· 조림이 짭짤하려면 국물을 더 {조려야 한다( ) / 졸여야 한다(√)}.

② 한글 맞춤법과 형태적 특징

· '조리다'와 '졸이다'는 한글 맞춤법 제57항(구별하여 적어야 하는 말)의 한 예시 쌍으로 제시되어 있다.

> 제57항 다음 말들은 각각 구별하여 적는다.
>
> 조리다   생선을 조린다. 통조림. 병조림.
> 졸이다   마음을 졸인다.

· '조리다'의 파생 명사는 '조림'이며, '졸다'의 파생어는 '졸이다'이다.

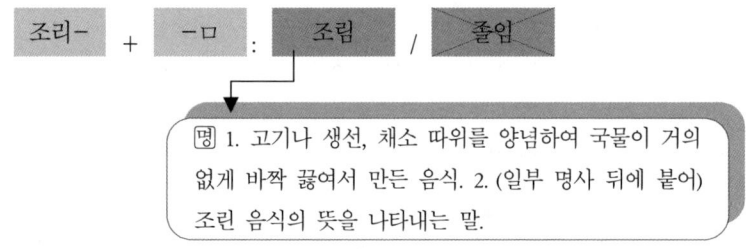

· '조림'의 뜻: 1. 고기나 생선, 채소 따위를 양념하여 국물이 거의 없게 바짝 끓여서 만든 음식. 2. (일부 명사 뒤에 붙어) 조린 음식의 뜻을 나타내는 말.

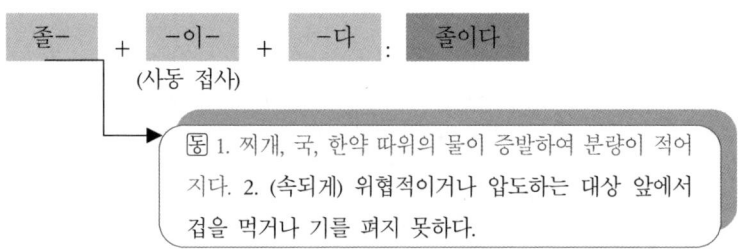

· '졸이다'의 뜻: 1. 찌개, 국, 한약 따위의 물이 증발하여 분량이 적어지다. 2. (속되게) 위협적이거나 압도하는 대상 앞에서 겁을 먹거나 기를 펴지 못하다.

※ '조리다'는 '고기, 생선, 채소, 뿌리' 등을 대상으로 함에 반해, '졸이다'는 '한약, 찌개, 국, 마음'을 대상으로 한다.

③ 문제 풀이

(풀이) 1. '조리다'와 '졸이다'는 '음식의 국물이 줄어든다.'는 공통 의미를 지니고 있다. 다만, 국물을 줄게 하는 목적에 차이가 있다. 전자는 음식물 등의 대상에 간이 스며들게 하기 위함이고, 후자는 단순히 국물의 양을 적어지게 하기 위함이다.

(풀이) 2. ㉠에는 음식물(멸치/고추)에 간장이 스며들게 한다는 의미의 동사를 써야 한다. ㉡에는 갈치조림을 위해 국물의 양이 적어지게 한다는 의미의 동사를 써야 한다.

⇩

- 어머니께서 반찬으로 멸치와 고추를 간장에 ㉠ 조렸다 .
- 갈치에 양념이 배도록 국물을 오랫동안 ㉡ 졸였다 .

④ 참고 자료

✎ 한글 맞춤법 제57항에는 '조리다/졸이다'처럼 의미를 구별해 적어야 하는 단어들이 있다.

걷잡다	동 걷잡을 수 없는 상태.
겉잡다	동 겉잡아서 이틀 걸릴 일.

다리다	동 옷을 다리다.
달이다	동 약을 달인다.

마치다	벌써 일을 마치다.
맞히다	여러 문제를 더 맞혔다.

저리다	다친 저리가 저린다.
절이다	김장 배추를 절인다.

주리다	여러 날을 주렸다.
줄이다	비용을 줄인다.

5 적용 및 활용

1. 거리에서 생선 조리는 냄새가 났다.
2. 돼지고기를 간장에 조려서 졸임을 만들었다.
3. 내일 발표를 잘 할 수 있을까 마음을 조렸다.

34. '짜깁기' / '짜집기'

어머니께서 헤어진 바지를 감쪽같이 ㉠짜집기를 해 주셨다.

그는 소설을 쓰면서 역사적 사실을 ㉡짜깁끼하다.

① 형태·의미적 특징

· '짜깁기'의 의미로 자주 쓰이는 '짜집기'는 사전에 실려 있지 않다.

> **짜깁기** 〔명〕 1. 직물의 찢어진 곳을 그 감의 올을 살려 본디대로 흠집 없이 짜서 깁는 일. 2. 기존의 글이나 영화 따위를 편집하여 하나의 완성품으로 만드는 일.

※ '짜깁기'는 원래 1의 의미를 지닌 단어였다. 그것이 글을 쓰는 데로 의미가 확장되어 쓰이게 되었다.

> **짜집기** → 짜깁기.

② 형태·음운론적 특징

· '짜깁기'는 '짜깁다', '깁다'와 관련이 있다.

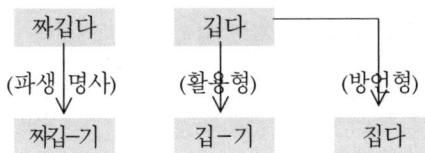

| 짜깁다 | 图 직물의 찢어진 곳을 본디대로 흠집 없이 짜서 깁다. |

↓

| 깁다 | 图 1. 떨어지거나 해어진 곳에 다른 조각을 대거나 또는 그대로 꿰매다. 2. 글이나 책에서 내용의 부족한 점을 보충하다. |

※ '짜깁다'는 '짜다'(실이나 끈 따위를 씨와 날로 얽어서 만들다.)와 '깁다'의 합성어이다.

※ '깁다'의 방언형인 '집다'의 영향으로 '짜깁기'보다 발음이 편한 '짜집기'라는 잘못된 형태가 많이 쓰이는 것으로 보인다.

· '짜깁기'는 된소리되기 현상에 의해 [짜깁끼]로 발음이 난다. 하지만 받침 'ㅂ' 뒤의 'ㄱ'은 항상 된소리로 발음나기에 표기에 반영하지 않는다.

③ 문제 풀이

(풀이) 1. '꿰매다'는 의미의 표준어는 '깁다'이고, '깁다'의 의미를 지니는 동사의 표준어는 '짜깁다'이다. '깁다'의 의미로 사용되는 '집다'는 '깁다'의 방언형이다.

(풀이) 2. ㉠에는 '직물의 찢어진 곳을 본디대로 흠집 없이 짜서 깁다.'의 의미를 지니는 '짜깁다'의 파생 명사를 써야 한다. ㉡에는 ㉠의 파생 명사에 동사 파생 접미사 '-하다'가 결합한 동사를 써야 한다. 이때, 된소리 발음은 표기에 반영하지 않는다.

⇩

· 어머니께서 해어진 바지를 감쪽같이 ㉠ 짜깁기 를 해 주셨다.

· 그는 소설을 쓰면서 역사적 사실을 ㉡ 짜깁기하다 .

4 참고 자료

✎ '짜깁다'와 '깁다'는 'ㅂ' 불규칙 활용어에 해당한다. '깁다'의 활용형의 경우 한글 맞춤법 제18항 용례로 제시되어 있다.

> 제18항 다음과 같은 용언들은 어미가 바뀔 경우 그 어간이나 어미가 원칙에 벗어나면 벗어나는 대로 적는다.
>
> 6. 어간의 끝 'ㅂ'이 'ㅜ'로 바뀔 적 예 깁다 굽다(炙) 가깝다

· 다음은 사전에 제시되어 있는 활용형이다. 이들의 기본형을 찾아보자.

| 짜깁다 | 짜기워[짜기워] | 짜기우니[짜기우니] | 짜깁는[짜김는] |

| 깁 다 | 기워[기워] | 기우니[기우니] | 깁는 [김ː는] |

5 적용 및 활용

1. 그들은 대화 일부를 **짜집기**한 녹취록을 제출했다.
2. 어머니께서는 무릎 부분이 찢어진 청바지를 **짜기워** 주셨다.
3. 검색 엔진을 접목한 e러닝 '**짜깁기**' 리포트 자동으로 거른다.

35. '치르다' / '치루다'

작년 11월에 대학수학능력시험을
㉠치뤘다.

지난주 가족들이 모여 할아버지
팔순 잔치를 ㉡치렀다.

① 의미적 특징

· 기본형 '치르다'와 '치루다' 그리고 과거형 '치렀다'와 '치뤘다' 중, 올바른
표기는 각각 하나이다. 먼저, 기본형의 바른 표기부터 살펴보면 '치루다
는 '치르다'의 잘못이다. 즉, 한국어에 '치루다'는 형태는 존재하지 않는다.

치르다	图 1. 주어야 할 돈을 내주다. 2. 무슨 일을 겪어 내다. 3. 아침, 점심 따위를 먹다.

치루다	图 → 치르다.

· '치르다'의 세 가지 의미를 고려하여, 아래 예문 '치르다'의 의미를 구분
해보자.

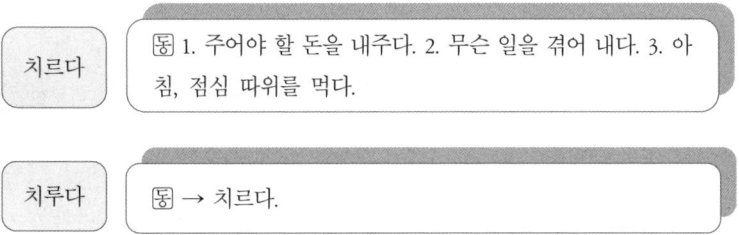

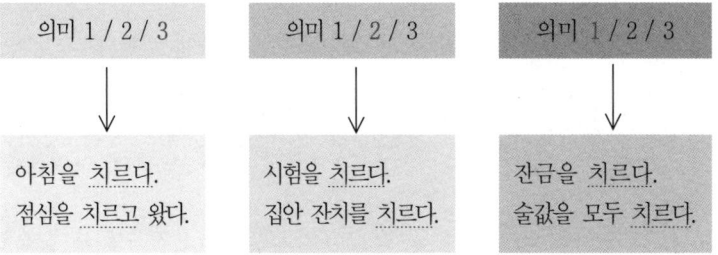

의미 1 / 2 / 3	의미 1 / 2 / 3	의미 1 / 2 / 3
아침을 치르다. 점심을 치르고 왔다.	시험을 치르다. 집안 잔치를 치르다.	잔금을 치르다. 술값을 모두 치르다.

② '-으' 탈락의 형태적 특징

• 한국어에서 '-으'를 지닌 용언의 어간이 모음의 어미와 결합할 때, 어간의 '으'가 탈락하는 경우가 있는데, 이를 '-으' 탈락 현상이라 한다. '치르다'의 활용 모습은 다음과 같다.

> ※ '-으' 탈락 현상에 의해 '치르다'의 활용형으로 '치루었다'와 이의 준말인 '치뤘다'는 실현 불가능한 형태이다. 다만, '치루었다'와 '치뤘다'의 표현이 가능한 경우는 '치루다'란 형태가 표준어일 경우인데, 이 형태는 사전에 없다.

• 한편, 규칙 활용인 '-으' 탈락과 달리 어간의 '-으' 탈락과 'ㄹ'의 덧생김 현상이 일어나는 '르' 불규칙 현상은 불규칙 활용에 속한다.

③ 문제 풀이

(풀이) 1. '치르다'와 '치루다' 중, 올바른 형태는 '치르다'뿐이다. '치르다'를
'치루다'로 잘못 표기할 뿐 한국어에 '치루다'는 단어는 존재하지 않는다.

(풀이) 2. ㉠에는 '무슨 일을 겪어 내다.'는 '치르다'의 과거형을 써야 한다.
다만, 동사 '치르다'는 'ㅡ' 탈락을 하는 규칙 용언임을 주의해야 한다. ㉡
에는 어간 '치르-'에 모음의 과거 시제 선어말 어미 '-었-'이 결합해 'ㅡ'
탈락이 일어난 형태의 활용형이 제대로 사용되었다.

⇩

• 작년 11월에 대학수학능력시험을 ㉠ 치렀다 .
• 지난주 가족들이 모여 할아버지 팔순 잔치를 ㉡ 치렀다 .

④ 참고 자료

✎ '치르다'와 동일한 활용 양상('ㅡ' 탈락)을 보이는 단어에, '들르다', '담그
다', '잠그다' 등이 해당한다.

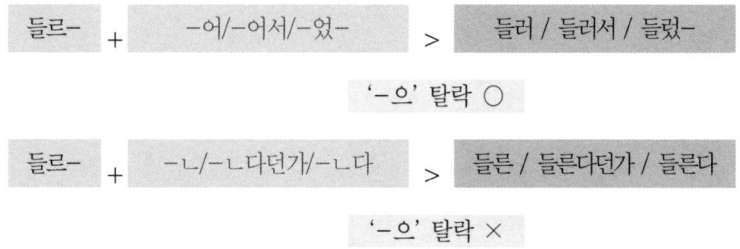

※ '들러, 들러서, 들렀다'를 '들려, 들려서, 들렸다'로 잘못 표기하는 이유는 기본
형 '들르다'를 '들리다'로 오해하기 때문이다. '들리다'는 '듣다'의 사·피동사
와 '들다'의 피동사로 기능한다.

담그-	+	-아/-아서/-았-	>	담가 / 담가서 / 담갔-

예 김치를 담가 먹다.

잠그-	+	-아/-아서/-았-	>	잠가 / 잠가서 / 잠갔-

예 대문을 잠갔다.

5 적용 및 활용

1. 어제 학교에서 축제를 <u>치루다</u>.
2. 시험을 <u>치른</u> 학생들에게 무료입장권을 준다.
3. 한국 대표팀은 항저우에서 중국과 4강전을 <u>치르었다</u>.

36. '통째(로)' / '통채(로)'

> 닭 한 마리가 ㉠통채 들어간 삼
> 계탕이다.

> 바비큐는 돼지, 소 따위를 ㉡통째
> 불에 구운 요리이다.

① 의미적 특징

- '나누지 않은 덩어리 전부'를 일컫는 명사로, '통째'와 '통채'를 구분하여
  정확히 쓰기란 쉽지 않다. 결론적으로 '통채'는 '통째'의 잘못이다.

통째	명 나누지 아니한 덩어리 전부.

통채	명 → 통째.

- 명사 '통째'에 부사격 조사 '로'가 결합한 '통째로'의 품사는 부사이다.

통째로	부 나누지 아니한 덩어리의 전체 그대로.

② 형태적 특징

- '통째', '통째로'의 '째'와 '채'는 의미와 그 발음 및 형태가 유사하여 구별
  에 어려움이 따른다. 이의 쓰임을 이해하기 위해서는 품사와 품사의 기
  능적 차이를 알아야 한다.

'-째'	접사 '그대로', 또는 '전부'의 뜻을 더하는 접미사.

'채'	의명 이미 있는 상태 그대로 있다는 뜻을 나타내는 말.

· '-째'와 '채'의 품사 정보는 다음과 같은 기능적 차이를 나타낸다.

		-째	채
품사		접미사	의존 명사
기능	선 행 어	명사	용언의 관형어(-ㄴ/은/는)
	띄어쓰기	명사째	관형어√채
예문		나무가 뿌리째 뽑혔다.	옷을 입은 채 잤다.

· '-째'와 '채'의 기능적 차이를 바탕으로, 예문의 적절한 표현을 찾아보자.

· 과일은 껍질{째(√) / 채( )} 먹는 게 좋다.
· 지하철에 선 {째( ) / 채(√)} 잠이 들었다.

3 문제 풀이

(풀이) 1. '-째'는 '그대로', '전부'의 의미를 지닌 접미사로, 선행하는 명사에 붙여 쓴다. '채'는 '이미 있는 상태 그대로 있다.'는 의미의 의존 명사로, 선행하는 관형어와 띄어 쓴다.

(풀이) 2. ㉠에는 문맥상 '닭 한 마리 전부'의 의미를 지닌 형태를 써야 한다. 따라서 명사에 접미사 '-째'가 결합한 형태로 수정해야 한다. ㉡은 '나누지 않은 전부'의 의미를 지닌 '통째'가 쓰인 적절한 표현이다.

⇩

- 닭 한 마리가 ㉠ [통째] 들어간 삼계탕이다.
- 바비큐는 돼지, 소 따위를 ㉡ [통째] 불에 구운 요리이다.

4 참고 자료

✎ '그대로', '전부'의 접미사 '-째'는 '차례'나 '등급', '동안'의 뜻을 더하는 접미사 '-째'와 동음이의어 관계이다.

| -째 | 접사 1. '차례'나 '등급'의 뜻을 더하는 접미사. 2. '동안'의 뜻을 더하는 접미사. |

✎ '이미 있는 상태 그대로 있다.'는 의존 명사 '채'의 동음이의어가 다양하다. 이 중, 동일 기능의 동음이의어 '채'는 다음의 의미 기능을 지닌다.

| 채 | 의명 1. 집을 세는 단위. 2. 큰 기물, 기물, 가구 따위를 세는 단위. 3. 이불을 세는 단위. 4. 가공하지 아니한 인삼을 묶어 세는 단위. 5. 예전에, 가공하지 아니한 인삼을 묶어 세던 단위. |

✎ 한편, '채'와 동일한 품사로 발음, 형태가 비슷해 구분이 쉽지 않은 단어에 '체'가 있다. 따라서 '채'와 '체'는 그 의미를 정확히 구별해야 한다.

| 체 | 의명 그럴듯하게 꾸미는 거짓 태도나 모양. |

※ 의존 명사 '체'와 쓰이는 환경이나 뜻이 같은 동의어에 '척'이 있다.

· 의존 명사 '채'와 '체'의 의미 기능에 따라 다음 예문의 괄호 안에 들어갈 알맞은 표현을 찾아보자.

> · 그는 고개를 숙인 { 채(√) /체( )} 말이 없다.
> · 나는 친구를 보고도 못 본 { 채( ) / 체(√)} 돌아섰다.

⑤ 적용 및 활용

> 1. 남은 용돈을 송두리채 다 썼다.
> 2. 그는 깡충깡충 뛰는 토끼를 산 채로 잡았다.
> 3. 나는 뒷짐을 진 체 공부하는 그를 모른 척했다.

37. '해님' / '햇님'

① 사잇소리 현상

· 한글 맞춤법 제30항은 사이시옷을 받치어 적는 경우를 설명하고 있다.

───── <필수 조건> ─────

❶ 순우리말로 된 합성어로서 앞말이 모음으로 끝난 경우
❷ 순우리말과 한자어로 된 합성어로서 앞말이 모음으로 끝난 경우

∴ 환경: 고유어를 포함하는 합성어

───── <선택 조건> ─────

❶ 뒷말의 첫소리가 된소리로 나는 것
❷ 뒷말의 첫소리 'ㄴ, ㅁ' 앞에서 'ㄴ' 소리가 덧나는 것
❸ 뒷말의 첫소리 모음 앞에서 'ㄴㄴ' 소리가 덧나는 것

· 단, 한자어로 된 합성어는 사이시옷을 붙이지 않는 것을 원칙으로 하되,
아래 6개의 단어만은 예외적으로 사이시옷 표기를 인정한다.

곳간(庫間), 셋방(貰房), 숫자(數字)
찻간(車間), 툇간(退間), 횟수(回數)

☑ 주의해야 할 사잇소리 현상

· 필수 조건 ❶과 ❷는 합성어의 구성 요소에 외래어나 외국어가 포함될 경우, 사이시옷을 적을 환경이 아니라는 것을 의미한다.

> 핑크 + 빛 > 핑크빛[핑크삗]○ / 핑큿빛×
> 피자 + 집 > 피자집[피자찝]○ / 피잣집×

· 선택 조건 ❶ '뒷말의 첫소리가 된소리로 나는 것'은 원래부터 된소리나 거센소리로 된 말 앞에는 사이시옷을 표기하지 않는다는 의미이다.

> 갈비 + 뼈 > 갈빗뼈× 갈비뼈○ / 허리 + 띠 > 허릿띠× 허리띠○
> 나무 + 꾼 > 나뭇꾼× 나무꾼○ / 낚시 + 꾼 > 낚싯꾼× 낚시꾼○

※ '나무'와 '낚시' 뒤의 '-꾼'은 접사로 합성어를 형성하지 않기에 사잇소리 현상을 적용하지 않는다.

· 선택 조건 ❷ '뒷말의 첫소리 'ㄴ, ㅁ' 앞에서 'ㄴ' 소리가 덧나는 것'의 표준 발음을 정확히 이해해야 한다.

> 아랫니: [아랜니]○ – [아래일]× 머리말: [머리말]○ – [머린말]×

· 선택 조건 ❸ '뒷말의 첫소리 모음 앞에서 'ㄴㄴ' 소리가 덧나는 것'의 표준 발음 역시 주의해야 한다.

> 예삿일: [예산닐]○ – [예사일]× 농사일: [농사일]○ – [농산닐]×

※ '예사'와 '말'의 합성어는 [예사말]로 발음되어 사이시옷을 받쳐 적지 않고 소리 나는 형태인 '예사말'로 표기한다.

※ 한편, 앞말에 받침이 있고 뒷말이 '이, 야, 여, 요, 유'로 시작할 때 뒷말의 모음 앞에 [ㄴ]이 덧나는 것 또한 사잇소리 현상이라 한다.

> 솜 + 이불: [솜니불]　꽃 + 잎: [꽃닢] → [꼳닙] → [꼰닙]

③ 문제 풀이

(풀이) 1. 사이시옷은 두 가지 필수 조건(고유어를 포함하는 합성어)을 만족하면서 세 가지의 선택 조건 중 하나에 해당하면 붙인다.

(풀이) 2. ㉠/㉡은 명사 '해'에 접미사 '-님'('그 대상을 인격화하여 높임'의 뜻을 더하는 접미사)이 결합한 '파생어'로, [해님]이 표준 발음이다.

⇩

> ● ㉠ 해님 과 달님이 등장하는 한국의 전래동화
>
> ● 나그네의 외투를 벗기려는 이야기, ㉡'바람과 해님 '

④ 참고 자료

✎ '차잔'과 '찻잔' 중 '차를 따라 마시는 잔'을 뜻하는 단어는 무엇일까? 먼저 이 단어의 구조는 다음과 같다.

차 고유어? 한자어?	+	잔(盞) 한자어	⇨	찻잔 고유어 '챠' ↔ 한자어 '다(茶)'

✎ 사이시옷의 예외 적용으로 '셋방'(貰房)을 들었다. 그러면 '전셋방'은 바른 표현일까? 이 단어의 구조를 생각해보면 바른 표기를 알 수 있다.

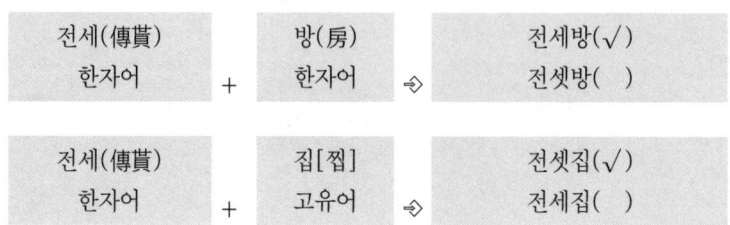

전세(傳貰) 한자어 + 방(房) 한자어 ⇨ 전세방(√) / 전셋방( )

전세(傳貰) 한자어 + 집[찝] 고유어 ⇨ 전셋집(√) / 전세집( )

5 적용 및 활용

1. 점심으로 만두국, 북어국, 순대국 어때?
2. '인사말'과 '머리말'은 주의해 표현할 단어이다.
3. '초점, 개수'와 '싯가'는 모두 한자어로 된 합성어다.

38. '홀몸' / '홑몸'

남편은 ㉠홀몸이 아닌 아내를 위해 청소를 한다.

그는 지금 부모도 없고 형제도 없는 ㉡홑몸 신세이다.

① 형태·의미적 특징

· '홀몸'은 접두사 '홀-'과 명사가 결합한 파생어이다.

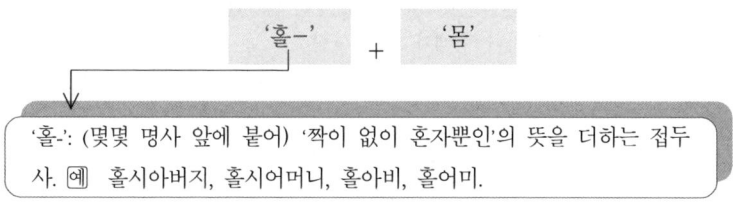

'홀-': (몇몇 명사 앞에 붙어) '짝이 없이 혼자뿐인'의 뜻을 더하는 접두사. 예 홀시아버지, 홀시어머니, 홀아비, 홀어미.

· '홑몸'은 접두사 '홑-'과 명사가 결합한 파생어이다.

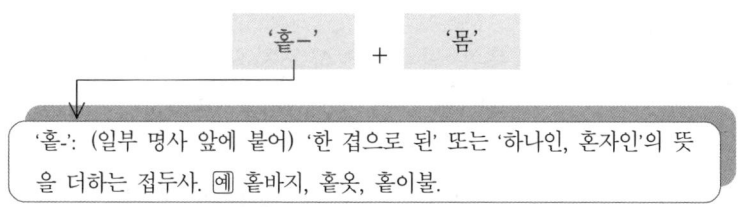

'홑-': (일부 명사 앞에 붙어) '한 겹으로 된' 또는 '하나인, 혼자인'의 뜻을 더하는 접두사. 예 홑바지, 홑옷, 홑이불.

· '홀몸'과 '홑몸'의 표준 발음은 다음과 같다.

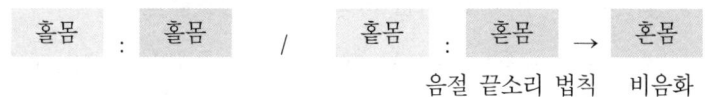

② 의미적 공통점 및 차이점

- '홀-'과 '홑-'의 공통 의미 자질에 따라 의지할 사람이 없이 혼자인 경우에는 '홀몸'과 '홑몸'을 모두 쓸 수 있다.

> '홀몸': 몡 배우자나 형제가 없는 사람.
> '홑몸': 몡 딸린 사람이 없는 혼자의 몸.

- 그러나 임신을 한 사람에게는 '홀몸'을 쓸 수 없고, '홑몸'을 쓴다.

> '홀몸': 몡 배우자나 형제가 없는 사람.
> '홑몸': 몡 아이를 배지 아니한 몸.

※ '홑몸'은 "홑몸이 아니니 몸조심해라.", "홑몸도 아닌 사람이 힘든 일을 하면 안 돼." 등과 같이 부정적 표현으로 쓰인다.

③ 문제 풀이

(풀이) 1. '홀몸'과 '홑몸'은 '의지할 데 없는 혼자'를 의미한다. 그리고 '홑몸'에는 '임신'과 관련한 의미 자질이 포함되어 있다.

(풀이) 2. ㉠에는 '임신'한 아내를 수식하는 내용으로 적절한 단어가 필요하며, ㉡에는 의지할 부모 및 형제가 없는 상황에 적절한 단어가 필요하다.

⇩

- 남편은 ㉠ 홑몸 이 아닌 아내를 위해 청소를 한다.
- 그는 지금 부모도 없고 형제도 없는 ㉡ 홀몸/홑몸 신세이다.

4 참고 자료

✎ '혈혈단신'(孑孑單身)은 '의지할 데 없는 외로운 홀몸'이라는 의미로, '홀
홀단신'으로 사용해서는 안 된다.

※ '혈혈-히(孑孑): 부사. 1. 우뚝하게 외로이 서 있는 상태로. 2. 의지할 곳이 없이
외롭게. 3. 아주 작게.

✎ '홑'은 명사적 용법의 기능을 나타내기도 한다.

> '홑': 몡 짝을 이루지 아니하거나 겹으로 되지 아니한 것. 예 이 두루마기
는 홑으로 단을 접어 지은 것이다.

5 적용 및 활용

1. 그는 처자식이 없는 홀몸 신세이다.
2. 우리 동아리는 홀몸 노인을 도와드리고 있다.
3. 그녀는 결혼한 지 5년이 지났으나 애가 없는 홑몸이다.

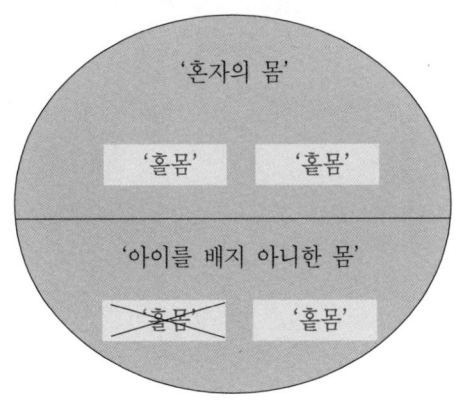

제3장

띄어쓰기 규정 해설

한국어 띄어쓰기 규정

'띄어쓰기'가 한글 맞춤법의 '총칙'에 규정되어 있는 것은 그 중요성이 크기 때문이다. 의사소통을 목적으로 하는 일상 언어생활에서 정확한 문장을 구사하는 일이 중요한데, '띄어쓰기' 역시 정확한 문장 구사에 관여한다. '띄어쓰기'의 잘못으로 전혀 다른 의미의 문장이 될 수 있기 때문이다.

1. 띄어쓰기의 대원칙

> ### 제1장 총칙
>
> 제1항 한글 맞춤법은 표준어를 소리대로 적되, 어법에 맞도록 함을 원칙으로 한다.
> 제2항 문장의 각 단어는 띄어 씀을 원칙으로 한다.
> 제3항 외래어는 '외래어 표기법'에 따라 적는다.

띄어쓰기와 관련한 '한글 맞춤법' 총칙 제2항의 규정을 염두에 두고, 아래 문장의 의미 차이에 대해 생각해보자.

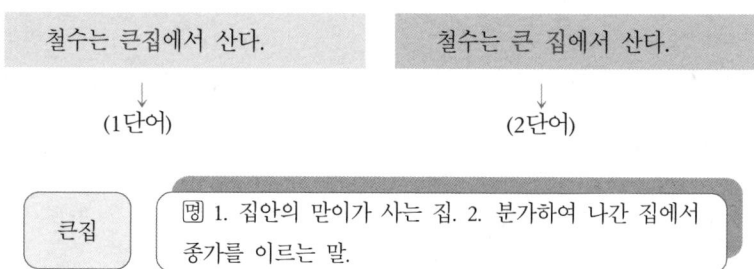

철수는 큰집에서 산다.	철수는 큰 집에서 산다.
(1단어)	(2단어)

| 큰집 | 똉 1. 집안의 맏이가 사는 집. 2. 분가하여 나간 집에서 종가를 이르는 말. |

"철수는 큰집에서 산다."는 문장의 '큰집'은 하나의 단어로 붙여 썼다. 반면, "철수는 큰 집에서 산다."의 '큰 집'은 각각의 단어로 띄어 썼으며, '규모(평수)가 큰 집'을 의미한다.[1]

철수는 집안에서 중요한 일을 한다.   철수는 집 안에서 중요한 일을 한다.

위 문장의 '집안'과 '집 안'도 서로 다른 의미를 지닌다. 전자는 한 단어로 붙여 써, '일가'(一家)라는 의미를 나타낸다. 그러나 두 단어 구성인 '집 안'은 '집의 안(내부)'이라는 의미이다.

2. 띄어쓰기의 내용 구성

한글 맞춤법의 띄어쓰기[2]는, 다음과 같은 내용으로 되어 있다.

제1절	조사
제2절	의존 명사, 단위를 나타내는 명사 및 열거하는 말 등
제3절	보조 용언
제4절	고유 명사 및 전문 용어

띄어쓰기는 문자 생활을 하는 현대인들의 독서력을 높일 뿐만 아니라 내용 이해에도 커다란 도움을 준다. 결국 이러한 독해력의 향상은 일상 언어생활에서 정확한 의미의 문장을 생성하고 수용함에도 큰 도움을 줄 것이다.

---

1) "철수는 마당이 *큰집에서 산다."와 "철수는 어제 *큰 집에 다녀왔다."는 틀린 문장이다. "철수는 마당이 큰 집에서 산다."와 "철수는 어제 큰집에 다녀왔다."로 써야 한다.
2) '띄어쓰기'의 경우도 한글 맞춤법상의 용어로 사용할 때에는 '띄어쓰기'로 붙여야 한다. 왜냐하면 하나의 개념을 나타내는 한 단어이기 때문이다. 그러나 "문장의 각 단어는 띄어 씀을 원칙으로 한다."에서는 '띄다', '쓰다' 두 단어의 결합인 관계로 띄어 써야 한다.

제4장

띄어쓰기
용례

1.
- 그는 축구공 <u>같이</u> 둥근 얼굴이다.

- 우리 부모님과 <u>같은</u> 착한 사람은 없을 거야.

❶ 의미적 특징

| 같이 | 조사 1. '앞말이 보이는 전형적인 어떤 특징처럼'의 뜻을 나타내는 격 조사. 2. (때를 나타내는 일부 명사 뒤에 붙어) 앞말이 나타내는 그때를 강조하는 격 조사. |

| 같다 | 형 1. 서로 다르지 않고 하나이다. 2. 다른 것과 비교하여 그것과 다르지 않다. 3. ('같은' 꼴로 체언 뒤에 쓰여) 그런 부류에 속한다는 뜻을 나타내는 말. |

❷ 형태·통사적 특징

- '같이'는 조사뿐 아니라 부사로 기능하기도 한다. 이 경우 띄어쓰기가 달라진다.

| '같이' | 부 1. 둘 이상의 사람이나 사물이 함께. 2. 어떤 상황이나 행동 따위와 다름이 없이. |

예 나는 친구와√같이 운동을 하다.

| 그는 돼지같이 먹기만 한다. | ↔ | 시간이 화살과√같이 흐른다. |
| (조사) | | (부사) |

'같은' :	형용사 '같다'의 활용형으로, 앞말과 띄어 써야 한다.
	예 그는 처음 봤지만 오래된 친구√같은 느낌이다.

❸ 문제 풀이

· 조사 '같이'는 앞말에 붙여 쓰고, 형용사 '같다'의 활용형인 '같은'은
앞말에 띄어 쓴다.

⇩

· 그는 축구공같이 둥근 얼굴이다.
· 우리 부모님과√같은 착한 사람은 없을 거야.

❹ 참고 자료

✎ 한편, 체언과 '같다'가 결합한 단어의 관형사형 활용은 붙여 쓴다.

감쪽같다	그의 감쪽같은 속임수에 넘어갔다.
금쪽같다	너 때문에 금쪽같은 시간을 허비하였다.
한결같다	그에 대한 그녀의 한결같은 마음이 변함이 없다.

※ '꿈같다, 불꽃같다, 실낱같다, 주옥같다, 찰떡같다' 등이 있다.

❺ 적용 및 활용

1. 너같은 학생은 처음 본다.
2. 선생님이 하는 것 같이 따라 하세요.
3. 우리 모두 다 같이 힘을 합해 노력하자.

2. {
· 나는 집<u>에서</u> <u>만이라도</u> 조용히 지내고 싶다.

· 피곤하니까 다음 휴게소<u>에서</u> <u>부터는</u> 네가 운전해.
}

❶ 형태·의미적 특징

에서만이라도 : 에서 + 만 + 이라도

| 이라도 | 조사 1. 그것이 썩 좋은 것은 아니나 그런대로 괜찮음을 나타내는 보조사. 2. 다른 경우들과 마찬가지임을 나타내는 보조사. |

에서부터는 : 에서 + 부터 + 는

❷ 조사의 결합 양상

· 자립성은 없지만 분리성에 의해 단어로 인정받는 조사는 다양한 조사와 결합 양상을 나타낸다.

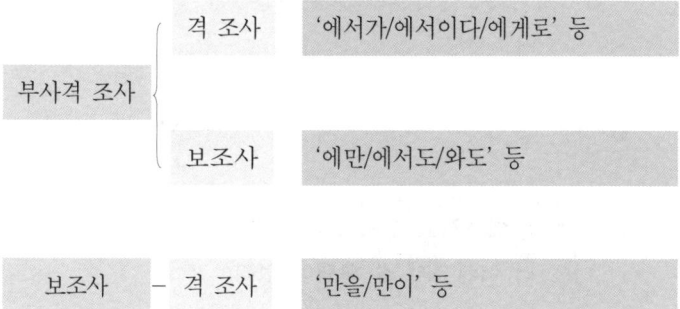

| 부사격 조사 | 격 조사 | '에서가/에서이다/에게로' 등 |
| | 보조사 | '에만/에서도/와도' 등 |

| 보조사 | - 격 조사 | '만을/만이' 등 |

· 조사 '에서만이라도'와 '에서부터는'은 세 가지 조사의 결합으로 구
  성되어 있다.

❸ 문제 풀이

· 조사는 앞말에 붙여 쓴다는 규정에 따라, 아무리 많은 조사가 결합
  하더라도 앞말에 붙여 써야 한다.

⇩

· 나는 집에서만이라도 조용히 지내고 싶다.
· 피곤하니까 다음 휴게소에서부터는 네가 운전해.

❹ 참고 자료

✎ 두 개 이상의 조사가 연이어 나타나거나 어미와 조사가 여럿 겹칠
  때에도 한 단어로 취급해 모두 붙여 쓴다.

· '공부하고서부터입니다.'의 띄어쓰기로 올바른 것을 찾아보자.

① 공부하고서부터√입니다.   ② 공부하고서부터입니다.
③ 공부하고서√부터√입니다.   ④ 공부하고서√부터입니다.

※ 동사 '공부하다'의 어간에 어미와 조사가 결합한 활용형으로, 한 단어의 서
  술어에 해당한다.

❺ 적용 및 활용

1. 10번까지는 쉬운 문제이다.
2. 너 에게까지 갈 혜택이 없다.
3. 여기까지 만이라도 입장해 주세요.

3.
> · 이 과제를 하는 데 며칠 걸렸다.
>
> · 학교에서 집에 가는 데 선생님을 우연히 만났다.

❶ 의미적 특징

| 데 | 의명 1. '곳'이나 '장소'의 뜻을 나타내는 말. 2. '일'이나 '것'의 뜻을 나타내는 말. 3. '경우'의 뜻을 나타내는 말. |
| 데 | 의명 1. '곳'이나 '장소'의 뜻을 나타내는 말. 2. '일'이나 '것'의 뜻을 나타내는 말. 3. '경우'의 뜻을 나타내는 말. |

| -ㄴ데 | 에미 뒤 절에서 어떤 일을 설명하거나 묻거나 시키거나 제안하기 위하여 그 대상과 상관되는 상황을 미리 말할 때에 쓰는 연결 어미. |
| -ㄴ데 | 에미 뒤 절에서 어떤 일을 설명하거나 묻거나 시키거나 제안하기 위하여 그 대상과 상관되는 상황을 미리 말할 때에 쓰는 연결 어미. |

❷ 형태·통사적 특징

· 문장에 쓰인 '데'가 의존 명사 '데'인지 아니면 '-ㄴ데' 형태의 연결 어미인지를 구별하기 쉽지 않다. 이들은 의미적으로 다를 뿐만 아니라 의존 명사냐 어미냐에 따라 앞말에 띄어 쓰거나 붙여 쓴다.

| 의존 명사 | : | 관형사형 | √ '데' + 조사 |

> 예 지금 사는 데가 어디야? / 전에 가 본 데

| 연결 어미 | : | '이다', 받침이 없거나 'ㄹ'인 형용사, '-으시-, -사오-' | + '-ㄴ데' |

> 예 여기가 속초인데 산과 바다로 유명해.
> 예 백화점 옷이 좋기는 한데 가격이 비싸다.

※ '데' 뒤에 조사가 붙을 수 있거나 '곳, 장소, 일, 것, 경우'로 교체가 가능하면 의존 명사이며, 그렇지 않으면 연결 어미이다.

❸ 문제 풀이

- 의존 명사 '데'는 '곳', '장소' / '일', '것' / '경우'의 뜻을 나타낸다. 따라서 '과제를 하는 데'의 '데'는 '일'을 나타내는 의존 명사로 앞말과 띄어 쓴다. 한편, '집에 가는데'는 선생님을 만난 상황을 설명하기 위한 표현이기에 연결 어미 '-ㄴ데'가 쓰인 것이다. 따라서 어간 뒤에 붙여 쓴다.

⇩

- 이 과제를 하는√데 며칠 걸렸다.
- 학교에서 집에 가는데 선생님을 우연히 만났다.

❹ 참고 자료

✎ 연결 어미 '-ㄴ데'는 선행하는 단어의 품사 및 음운론적 환경에 따른 다양한 이형태로 나타난다.

| 동사 / 있(없)다, 계시다 / '-으시-, -었-, -겠-' | + | -는데 |

| 'ㄹ'을 제외한 받침 있는 형용사 | + | -은데 |

❺ 적용 및 활용

1. 이 접시는 손님을 접대하는 데나 쓴다.
2. 친구를 돕는데에 남녀가 어디 있겠습니까?
3. 선생님이 그럴 분이 아니신 데 실수를 하셨네.

제5장

표준 발음법 해설

한국어 표준 발음법 규정

표준 발음의 대상은 '표준어'이다. 표준어는 국민의 언어 현상을 통일하려는 목적 하에 사정된다. 따라서 표준 발음은 언중(言衆) 곧, 국민의 언어 행위에 있어서 가장 이상적인 것으로 규범화된 발음이자, 동일 언어 공동체 안에서 지역적, 사회적 차이를 초월하여 널리 공통되는 발음을 뜻한다.

1. 표준 발음의 원칙

> ### 제1장 총칙
>
> **제1항** 표준 발음법은 표준어의 실제 발음을 따르되, 국어의 전통성과 합리성을 고려하여 정함을 원칙으로 한다.

표준 발음법의 '총칙' 제1항은 표준어의 발음법에 대한 대원칙을 정한 것으로, 세 가지의 조건으로 이루어져 있다.

| 첫째 | 표준어의 실제 발음을 대상으로 한다. |

표준 발음은 교양 있는 사람들이 쓰는 현대 서울말의 발음이다. 겹받침 'ㄺ'과 'ㅄ'의 표준 발음에 대해 생각해 보자.

| 흙[흑]: 흙도, 흙만, 흙이 | 값[갑]: 값도, 값만, 값이 |

겹받침 'ㄹㄱ'과 'ㅄ'의 대표 발음은 각각 [ㄱ], [ㅂ]이며, 자음으로 시작하는 조사가 올 경우에는 음운론적 환경에 따라 실제 발음이 달라진다. 'ㄷ'과 만나면 [흑또], [갑또]³⁾처럼 대표음으로 발음되지만, 비음 'ㅁ' 앞에서는 [흥만], [감만]이 된다. 그러나 모음으로 시작하는 조사와 결합하면 본음대로 'ㄹㄱ, ㅄ' 모두 발음한다. 이처럼 실제 발음에 따라 표준 발음을 정한다는 것이다. 다음 용언의 받침 'ㄹㄱ'의 표준 발음에 대해 알아보자.

늙고, 늙거나, 늙게　　늙은, 늙으면, 늙어　　늙소, 늙더니, 늙지

용언의 받침 'ㄹㄱ' 역시 그 환경에 따라 실제 발음이 달라진다. 'ㄱ'으로 시작된 어미와 결합하면 [늘꼬], [늘꺼나], [늘께]와 같이 [ㄹ]만 발음하며, 모음으로 시작된 어미와 결합하면 [늘근], [늘그면], [늘거]로 본음 'ㄹㄱ'을 모두 발음한다. 그리고 'ㅅ, ㄷ, ㅈ'으로 시작된 어미와 결합하면 [늑쏘], [늑떠니], [늑찌]처럼 'ㄱ'으로 발음하는 것이 표준 발음이다.

| 둘째 | 한국어가 거쳐 온 역사적 '전통성'을 따른다. |

표준 발음의 전통성을 따른다는 것은 한 단어가 여러 형태의 발음으로 실현될 경우, 한국어의 역사적 전통을 기반으로 한다는 것을 의미한다. 가장 대표적인 현상으로 음의 '장단'을 들 수 있다. 현재 대부분의 사람들이 발음만으로 의미 차이를 인식하지 못하는 '밤:(栗)/밤(夜), 말:(言)/말(馬), 눈:(雪)/눈(眼)' 등을 소수의 장년층에서는 구별하여 사용하고 있다. 이 경우, 길고 짧게 발음하는 것은 역사적으로 소리의 높이나 길이를 구별해 온 전통을 지녀온 것이므로, 이를 표준 발음에서 다루고 있는 것이다.

| 셋째 | 한국어의 규칙 내지는 법칙에 따라 표준 발음을 합리적으로 정한다. |

---

3) '도'의 실제 발음이 [또]로 나는 것은 '된소리되기' 현상에 관한 것이다. 'ㅄ' 받침의 '값이'는 [갑시]를 거쳐 된소리의 [갑씨]가 된다.

마지막으로 표준 발음은 합리성을 고려한다. 길게 소리가 나는 단음절 용언 어간은 일부 예외를 제외하면 모음으로 시작된 어미와 결합되는 경우에 짧게 발음한다. 이러한 한국어의 규칙으로 인해 짧게 발음하는 어법을 규정화하고 있다. 그러나 합리성을 고려하여 표준 발음법을 정함에 어려움이 있는 경우도 있다. 다음의 표준 발음이 정해지는 과정을 살펴보자.

	멋있다	맛있다	비고
발음 1	[머딛따]	[마딛따]	원칙적 발음
발음 2	[머신따]	[마신따]	예외적 허용

한국어의 받침 규칙에 따르면, 발음 1이 합리성을 지닌 표준 발음이다. 왜냐하면 합성어에서 받침을 지닌 앞말이 모음으로 시작하는 뒷말과 결합할 때 받침의 대표음화가 일어난 후 뒷말의 첫소리로 연음되기 때문이다. [멋+있다]→[머딛따]→[머딛따]의 순서와 같다.4) 그러나 한국어의 합리성에 바탕을 둔 표준 발음과 달리 언어 현실에서는 받침을 먼저 연음화한 [마신따]가 더 널리 사용되고 있다. 이 경우 이도 표준 발음으로 허용하고 있다.

2. 표준 발음의 내용

표준 발음법은 모두 7장 30항으로 구성되어 있다.

제1장	총칙		제2장	자음과 모음
제3장	음의 길이		제4장	받침의 동화
제5장	음의 동화		제6장	경음화
제7장	음의 첨가			

---

4) '옷이, 옷을'에서는 받침의 연음으로 표준 발음이 [오시], [오슬]이 된다. 이처럼 받침이 있는 형태소 다음에 모음으로 시작하는 형식 형태소(조사, 어미)가 올 때 앞말의 받침은 뒷말의 첫소리로 옮겨 발음하게 된다.

표준 발음
용례

1. {
   · 도로 한가운데 '전동 킥보드' ··· "어이없어 <u>헛웃음</u>"

   · 벌레 먹은 사과가 더 <u>맛있다</u>.
}

❶ 형태 · 의미적 특징

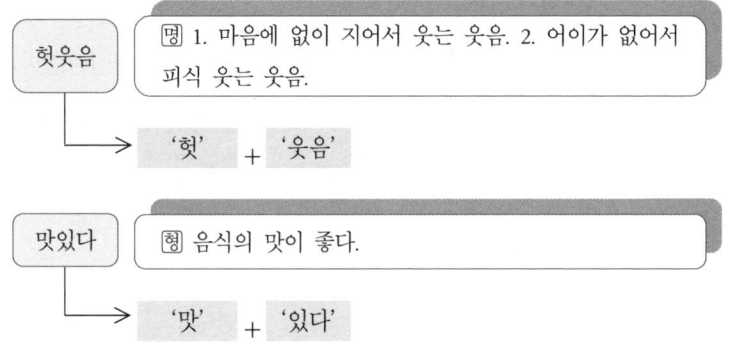

| 헛웃음 | 명 1. 마음에 없이 지어서 웃는 웃음. 2. 어이가 없어서 피식 웃는 웃음. |

⟶ '헛' + '웃음'

| 맛있다 | 형 음식의 맛이 좋다. |

⟶ '맛' + '있다'

❷ 음운(발음)의 적용 규칙

· 헛웃음: 표준 발음법 '제8항'+'제9항'+'제13항'+'제15항'을 적용한다.

제8항	받침소리로는 'ㄱ, ㄴ, ㄷ, ㄹ, ㅁ, ㅂ, ㅇ'의 7개 자음만 발음한다.
제9항	받침 'ㅅ, ㅆ, ㅈ, ㅊ, ㅌ'은 어말 또는 자음 앞에서 [ㄷ]으로 발음한다.
제15항	받침 뒤에 모음 'ㅏ, ㅓ, ㅗ, ㅜ, ㅟ'들로 시작되는 실질 형태소가 연결되는 경우에는, 대표음으로 바꾸어서 뒤 음절 첫소리로 옮겨 발음한다.

➡ 헛+웃음: [헏+웃음] ⇒ [허두슴]

| 제13항 | 홑받침이나 쌍받침이 모음으로 시작된 조사나 어미, 접미사와 결합되는 경우에는, 제 음가대로 뒤 음절 첫소리로 옮겨 발음한다. |

➡ 웃음: [우슴]

· 맛있다: 표준 발음법 '제8/9항'+'제15항'+'제23항'을 적용한다.

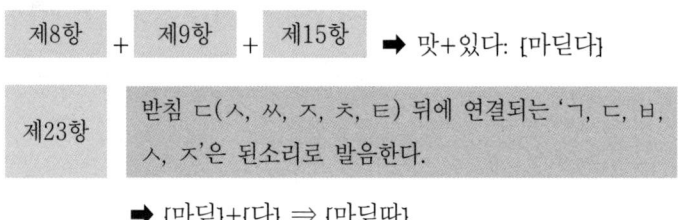

| 제8항 | + | 제9항 | + | 제15항 | ➡ 맛+있다: [마딛다] |

| 제23항 | 받침 ㄷ(ㅅ, ㅆ, ㅈ, ㅊ, ㅌ) 뒤에 연결되는 'ㄱ, ㄷ, ㅂ, ㅅ, ㅈ'은 된소리로 발음한다. |

➡ [마딛]+[다] ⇒ [마딛따]

❸ 문제 풀이

· 단어 '헛웃음'은 '헛+웃(음)'에서 음절 끝 대표음 규칙과 연음 규칙에 따라 [허듯음]으로 실현된다. 그 후, '웃음'에서는 아무런 음의 변화 없이 받침소리가 다음 음절의 첫소리로 옮겨 [허두슴]으로 발음된다.

· 단어 '맛있다'는 '맛+있(다)'에서 음절 끝 대표음 규칙과 연음 규칙에 따라 [마딨다]로 실현된다. 그 후, '있다'에서는 음절 끝 대표음 규칙과 경음화 규칙을 차례로 적용받아 최종적으로 [마딛따]로 발음된다.

⇩

· 도로 한가운데 '전동 킥보드' … "어이없어 헛웃음[허두슴]"
· 벌레 먹은 사과가 더 맛있다[마딛따/마싣따].

❹ 참고 자료

✎ 제13항과 제15항의 공통점 및 차이점: 음절 끝 받침을 다음 음절의
첫소리로 옮겨 발음한다는 점에서 공통점을 지니고 있다. 하지만
음절 끝소리의 변화가 일어나지 않는 제13항과 달리 제15항에서는
연음 전 반드시 음절 끝 받침이 대표음으로 변하는 차이가 나타난
다. 그 차이는 다음 음절 형태소의 성격이 다르기 때문이다.

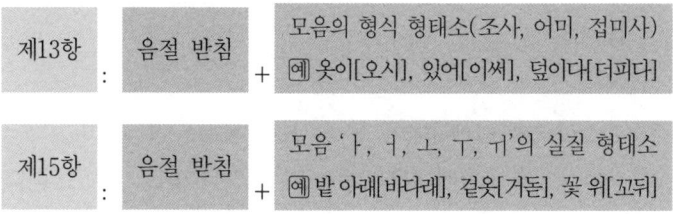

✎ 표준 발음법의 기본 원칙은 '표준 발음법' 제1장 총칙 제1항, "표준
어의 실제 발음을 따르되, 국어의 전통성과 합리성을 고려하여 정
함을 원칙으로 한다."이다. 다만 실제 발음을 따르되 합리성을 고
려하여 발음을 정하는 것이 쉬운 일이 아니다. '맛있다'의 실제 발
음 [마싣따]는 합리성을 지닌 발음이 아니다. 두 단어 사이의 받침
'ㅅ'을 [ㄷ]으로 발음한 [마딛따]가 합리적인 발음이기 때문이다. 이
에 전통성과 합리성을 고려하여 [마딛따]를 원칙으로 하고, 실제
발음을 고려하여 [마싣따]도 허용하기로 한 것이다.

※ 한글 맞춤법과 표준어 규정에서 한국어의 어문 규범에 맞지 않지만 언중
들이 현실적으로 사용하는 형태를 (복수) 표준어로 인정하는 것도 이와 유
사한 사례이다.

자장면	:	짜장면	/	먹을거리	:	먹거리

✎ 그러나 다음의 단어들은 그 성격을 달리한다.

| 멋있다 | : | 혱 [머딛따] / [머싣따] |

| 맛없다
멋없다 | : | 혱 [마덥따] / [머덥따] ⇔ [마섭따](×) / [머섭따](×) |

❺ 적용 및 활용

1. 제9항에 따라, '옷'의 표준 발음은 '[□]'이다.
2. 제13항에 따라 '옷이'의 표준 발음은 '[□□]'이다.
3. 제15항에 따라 '옷 안'의 표준 발음은 '[□□]'이다.

2.
- · 성공적 대화를 위한 <u>여덟</u> 가지 규칙이 있다.

- · 세계 최초 원적외선·음이온 방출 '<u>흙</u>침대' 개발 성공

❶ 형태 · 의미적 특징

| 여덟 | ㈜ 1. 일곱에 하나를 더한 수.
㈜ 1. 일곱에 하나를 더한 수의. |

| 흙 | ㈐ 지구의 표면을 덮고 있는, 바위가 부스러져 생긴 가루인 무기물과 동식물에서 생긴 유기물이 섞여 이루어진 물질. |

❷ 음운(발음)의 적용 규칙

· 여덟: 표준 발음법 '제8항'+'제10항'을 적용한다.

| 제8항 | 받침소리로는 'ㄱ, ㄴ, ㄷ, ㄹ, ㅁ, ㅂ, ㅇ'의 7개 자음만 발음한다. |
| 제10항 | 겹받침 'ㄳ', 'ㄵ', 'ㄼ, ㄽ, ㄾ', 'ㅄ'은 어말 또는 자음 앞에서 각각 [ㄱ, ㄴ, ㄹ, ㅂ]으로 발음한다. |

· 흙: 표준 발음법 '제8항'+'제11항'을 적용한다.

제8항 + 제11항
↓
겹받침 'ㄺ, ㄻ, ㄿ'은 어말 또는 자음 앞에서 각각 [ㄱ, ㅁ, ㅂ]으로 발음한다.

❸ 문제 풀이

· 서로 다른 두 개의 자음으로 이루어진 겹받침은 첫 번째 자음으로 발음하거나 두 번째 자음으로 발음한다. 전자의 규정은 표준 발음법 제10항이고, 후자의 규정은 표준 발음법 제11항이다.

· '여덟'의 겹받침 'ㄼ'은 제10항의 규정에 따른다. 음절 끝 7가지 대표음에 해당하는 'ㄹ'과 'ㅂ' 중 첫째 자음 [ㄹ]로 발음하는 것을 원칙으로 한다.

· '흙'의 겹받침 'ㄺ'은 제11항의 규정에 따른다. 음절 끝 7가지 대표음에 해당하는 'ㄹ'과 'ㄱ' 중 둘째 자음 [ㄱ]으로 발음하는 것을 원칙으로 한다.

⇩

· 성공적 대화를 위한 여덟[여덜] 가지 규칙이 있다.
· 세계 최초 원적외선·음이온 방출 '흙[흑]침대' 개발 성공

❹ 참고 자료

✎ 제10항의 겹받침 'ㄼ'은 [ㄹ]로 발음된다. 그러나 다음과 같이 몇 가지 예외가 나타난다.

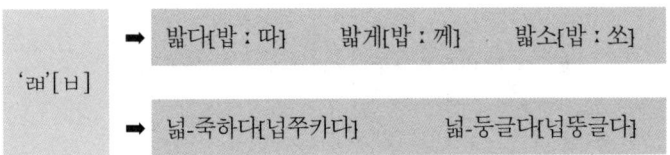

'ㄼ'[ㅂ]	➡ 밟다[밥 : 따]　　밟게[밥 : 께]　　밟소[밥 : 쏘]
	➡ 넓-죽하다[넙쭈카다]　　　넓-둥글다[넙뚱글다]

※ 'ㄼ'은 '밟다', '넓죽하다', '넓둥글다'의 단어에서 [ㅂ]으로 실현된다.
※ 받침 'ㅂ' 뒤의 'ㄱ, ㄷ, ㅅ, ㅈ'이 된소리로 발음 나는 것은 제23항 규정의 적용을 받기 때문이다.

✎ 제11항의 겹받침 'ㄹㄱ'은 [ㄱ]으로 발음된다. 그러나 이 역시 다음과 같이 예외가 나타난다.

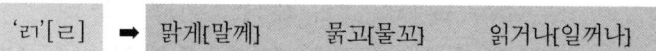

'ㄹㄱ'[ㄹ] ➡ 맑게[말께]   묽고[물꼬]   읽거나[일꺼나]

※ 겹받침 'ㄹㄱ'의 예외적 발음은 용언의 어간 말음 'ㄹㄱ'이 'ㄱ'으로 시작하는 어미와 만나는 환경에서만 나타난다.

※ '맑게'의 발음 [말께]는 먼저 받침의 'ㄹㄱ' 중 뒤에 있는 'ㄱ' 때문에 '게'의 'ㄱ'이 경음화[께] 된 후, '맑'의 'ㄱ'이 탈락한 결과이다. (이와 관련한 규정은 표준 발음법 제6장 '경음화'에 제시되어 있지 않다.)

✎ 표준 발음법 제4장 '받침의 발음'을 적용 받은 음절 말 받침은 다음 음절의 첫소리와 만나 다양한 음운 변화를 겪게 된다.

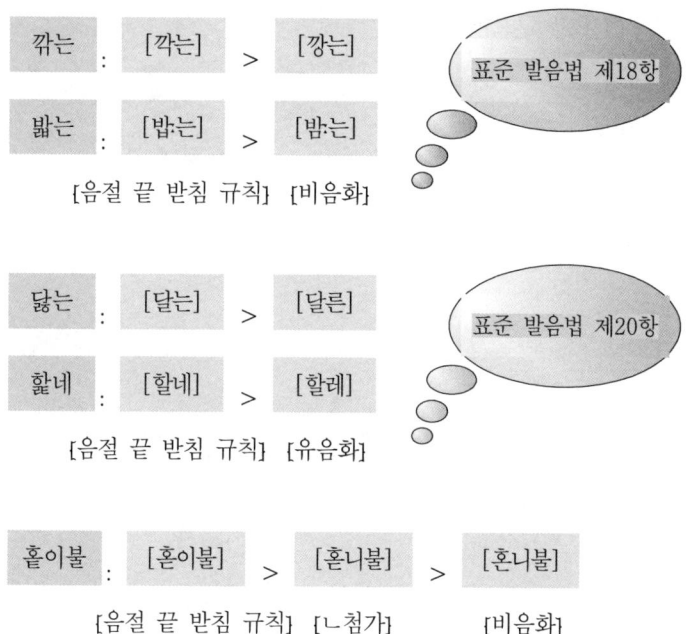

❺ 적용 및 활용

1. '닭이'의 표준 발음은 [□□]이다.
2. 겹받침 '넓다'는 [□□], '맑다'는 [□□]로 발음 난다.
3. "지금 갈게."의 밑줄 친 부분의 표준 발음은 [□□]이다.

3. {
· 우리의 소원은 통일이다.

· 대한민국은 민주주의 국가이다.
}

❶ 형태·의미적 특징

| 의 | 🈁 1. 한글 자모 'ㅡ'와 'ㅣ'를 어울러 쓴 글자. '의'라고 이른다. 2. 모음의 하나. 혀와 입의 모양을 'ㅡ' 소리를 낼 때와 같이 하고 있다가 'ㅣ' 소리로 옮기면서 숨을 내쉴 때 나는 소리이다. |

❷ 음운(발음)의 특징

· 이중 모음 '의': 표준 발음법 제2항과 제3항에 따르면, 한국어의 음운은 40개(자음:19개, 모음 21개)이다. 이 중, 모음은 발음하는 동안 입모양이나 혀 위치의 변화를 기준으로 다음과 같이 구분한다(표준 발음법 제4항, 제5항).

| 제4항 단모음 | 'ㅏ ㅐ ㅓ ㅔ ㅗ ㅚ ㅜ ㅟ ㅡ ㅣ'는 단모음(單母音)으로 발음한다. |

※ 발음 도중 발음의 변화가 일어나지 않는다(ㅏ ~ ㅏ).
※ 단모음 중, 'ㅚ'와 'ㅟ'는 이중 모음으로 발음할 수 있다.

| 제5항 이중 모음 | 'ㅑ ㅒ ㅕ ㅖ ㅘ ㅙ ㅛ ㅝ ㅞ ㅠ ㅢ'는 이중 모음으로 발음한다. |

※ 발음 도중 발음의 변화가 일어난다(ㅢ: ㅡ → ㅣ).

· 의: 표준 발음법 '제5항'의 '다만 3/4'의 규정을 적용한다.

제5항	'ㅑ ㅒ ㅕ ㅖ ㅘ ㅙ ㅛ ㅝ ㅞ ㅠ ㅢ'는 이중 모음으로 발음한다.

다만 3.	자음을 첫소리로 가지고 있는 음절의 '의'는 [ㅣ]로 발음한다.

떠어쓰기	희망	유희
[띠어쓰기]	[히망]	[유히]

다만 4.	단어의 첫음절 이외의 '의'는 [ㅣ]로, 조사 '의'는 [ㅔ]로 발음함도 허용한다.

주의	협의
[주의/주이]	[혀븨/혀비]

우리의	강의의
[우리의/우리에]	[강:의의/강:의에]

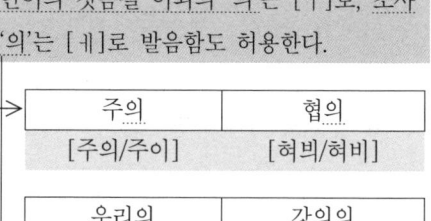

※ 의

[조] 앞 체언이 관형어 구실을 하게 하며, 뒤의 명사 또는 명사구를 수식하는 역할을 하는 조사로, 선행 체언과 후행 명사 사이의 다양한 의미 관계를 만든다.

❸ 문제 풀이

· '우리의 소원'은 'N의 N' 구조로, 이중 모음 '의'는 (관형격) 조사이다. 따라서 제5항의 규정에 따라 이중 모음 [의]로 발음하는 것이 원칙이다. 그리고 '다만 4'의 규정에 따라 [에]로 발음하는 것도 허용한다. 따라서 '우리의[우리의/우리에]'로 발음할 수 있다.

· '민주주의' 역시 제5항의 규정에 따라 '민주주의[민주주의]'로 발음
한다. 그리고 '다만 4'의 규정에 따라 [이]로 발음하는 것도 허용한
다. 따라서 '민주주의[민주주의/민주주이]'로 발음할 수 있다.

· '의사'와 '의견'처럼 단어의 첫음절에서는 이중 모음 [의] 발음만 허
용하고 [이] 발음은 절대로 허용하지 않음에 주의해야 한다.

⇩

· 우리의[의/에] 소원은 통일이다.
· 대한민국은 민주주의[민주주의/민주주이] 국가이다.

❹ 참고 자료

✎ 언어 표현에 이중 모음 '의'가 연속하여 등장할 때, 그 쓰임의 용도
와 환경에 따라 발음이 다양해진다. '민주주의의 의의'와 같은 표
현이다. 이 표현의 표준 발음으로 가능한 경우를 생각해 보자.

원칙	민주주의의 의의		
허용	민주주의의 의이	민주주의에 의의	민주주의에 의이
	민주주이의 의의	민주주이의 의이	민주주이에 의의
	민주주이에 의이		

❺ 적용 및 활용

· '서울의 명소'를 발음하면 '[서울□/□] 명소'이다.
· 시험을 볼 때는 '주의[□/□] 사항'을 잘 읽어야 한다.
· 한글 맞춤법의 '띄어쓰기[□□□□]' 규정은 정말 복잡하다.

제7장

외래어 표기법 해설

외래어 표기법 규정

'외래어'(外來語)는 국어화한 외국어로, 이에 대한 표기 규범을 다루고 있는 것이 '외래어 표기법'이다. 우리의 실제 언어생활에서 외래어가 차지하는 비중을 감안할 때, 이의 중요성은 짐작하고도 남는다. 그렇기 때문에 한글 맞춤법 총칙과 표준어 사정의 총칙에서 '외래어'의 표기에 대해 언급하고 있다.

한글 맞춤법(제1장, 제3항)	표준어 규정(제1장, 제2항)
I	I
외래어는 '외래어 표기법'에 따라 적는다.	외래어는 따로 사정한다.

그러나 외래어에 대한 사정은 표준어 규정에서 다루지 않고, 별도의 '외래어 표기법'(문교부 고시 제85-11호, 1986)을 제정하여 규정하고 있다.

1. 표기의 기본 원칙

외래어 표기법의 제1장은 5개의 항으로, 외래어 표기에 대한 기본 원칙을 규정하고 있다.

제1항	외래어는 국어의 현용 24 자모만으로 적는다.

제1항은 외래어의 표기에 국어 24 자모만 이용한다는 것이다. 이 외에 특별한 글자나 기호를 사용할 경우, 새로 익혀야 하는 불편함이 있기 때문이다.

제2항	외래어의 1음운은 원칙적으로 1기호만을 적는다.

제2항은 외래어 음운과 한국어의 기호를 1:1 관계로 맺은 규정이다. 표기의 편리함을 위해서이다. 그러나 외국어의 음운은 실제 음성적 환경에서 한국어의 여러 기호로 대응하고 있다. 따라서 '원칙적으로'라는 단서를 붙였다.

제3항	받침에는 'ㄱ, ㄴ, ㄹ, ㅁ, ㅂ, ㅅ, ㅇ'만을 쓴다.

제3항은 한국어의 음절 말에 올 수 있는 받침과 비교할 때 매우 독특한 특징이다. 즉 한국어에서는 받침으로 'ㅅ'을 쓸 수 없음에 반해 외래어 표기에서는 가능하다는 점이다.

---

(1) ㄱ. computer diskette
 ㄴ. computer diskette이 있다.
 computer diskette을 사 와라.

예문의 'diskette'은 (1.ㄱ)과 같이 음절 말 위치에서는 [디스켇]으로 발음이 난다. 그러나 (1.ㄴ)의 모음으로 시작하는 형태소가 후행할 경우 [*디시케디, *디스케들]로 실현되지 않는다. [디스케시, 디스케슬]로 발음나기에 그 원형을 '디스켇'이 아닌 '디스켓'으로 할 수 밖에 없다. 따라서 외래어의 받침 표기에서는 'ㄷ'이 아닌 'ㅅ'으로 표기하고 있다.

제4항	파열음 표기에는 된소리를 쓰지 않는 것을 원칙으로 한다.

제4항은 외래어의 표기에 된소리를 사용할 수 없다는 규정이다. 유성음과 무성음의 차이에 의해 의미 분화가 일어나는 외국어의 특성상 무성음의 성질을 지니는 음은 격음으로, 유성음은 평음으로 표기해야 하는 것이다.

유성 파열음	gas	가스 (O) : 까스 (×)
	bus	버스 (O) : 뻐스 (×)

유성 마찰음	service	서비스(O) : 써비스(×)
	circle	서클 (O) : 써클 (×)

무성 파열음	paris	빠리 (×) : 파리 (O)
	café	까페 (×) : 카페 (O)

다만, '삐라, 껌, 빨치산 등도 '비라, 검, 팔치산'으로 표기해야 하지만 이미 된소리로 굳어진 형태로 사용되었기에 예외로 다룬다.

제5항	이미 굳어진 외래어는 관용을 존중하되, 그 범위와 용례는 따로 정한다.

제5항은 외래어 표기 과정에서 특정한 원칙만을 내세워 한 가지 표기만 고수할 필요가 없다는 것이다. 즉, 'type'의 표기는 관용에 따라 '타이프'(타자를 친다는 의미)와 '타입'(유형의 의미)으로 표기한다는 것이다. 이를 어느 한 표기로 통일시킬 경우 오히려 언어생활의 불편만 초래할 것이다.

2. 외래어 표기법의 내용과 표기 일람표

외래어 표기법은 모두 4장으로 구성되어 있다.

제1장	표기의 기본 원칙

제2장	표기 일람표

제3장	표기 세칙

제1절 영어의 표기 제2절 독일어의 표기 제3절 프랑스어의 표기 제4절 에스파냐어의 표기 제5절 이탈리아어의 표기 제6절 일본어의 표기 제7절 중국어의 표기 제8절 폴란드어의 표기 제9절 체코어의 표기 제10절 세르보크로아트어의 표기 제11절 루마니아어의 표기 제12절 헝가리어의 표기 제13절 스웨덴어의 표기 제14절 노르웨이어의 표기 제15절 덴마크어의 표기 제16절 말레이인도네시아어의 표기 제17절 타이어의 표기 제18절 베트남어의 표기 제19절 포르투갈어의 표기 제20절 네덜란드어의 표기 제21절 러시아어의 표기

제4장　인명, 지명 표기의 원칙

제1절 표기 원칙

제2절 동양의 인명, 지명 표기

제3절 바다, 섬, 산, 강 등의 표기 세칙

제2장 '표기 일람표'는 외래어 표기의 지침서 역할을 한다. 이 중, [표 1]의 '국제 음성 기호와 한글 대조표'는 국제 음성 기호를 사용하지 않는 몇몇 외국어의 표기를 제외하고는 유용한 기준이다. 그 뒤를 이어 '에스파냐어 자모[표 2], 이탈리아어 자모[표 3], 일본어 가나[표 4], 중국어의 발음 부호[표 5], 폴란드어 자모[표 6], 체코어 자모[표 7], 세르보크로아트어 자모[표 8], 루마니아어 자모[표 9], 헝가리어 자모[표 10], 스웨덴어 자모[표 11], 노르웨이어 자모[표 12], 덴마크어 자모[표 13], 말레이인도네시아어 자모[표 14], 타이어 자모[표 15], 베트남어 자모[표 16], 포르투갈어 자모[표 17], 네덜란드어 자모[표 18], 러시아어 자모[표 19]'와 한글 대조표를 제시하고 있다.

제8장

외래어 표기 용례

1.
- 동네마다 커피shop과 supermarket이 많다.

- 휴대폰 수리를 위해 service center를 방문했다.

❶ 형태·의미적 특징

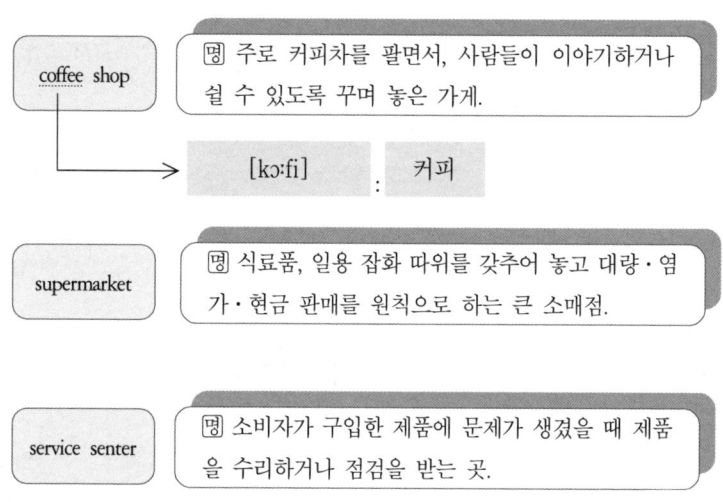

coffee shop
> 圆 주로 커피차를 팔면서, 사람들이 이야기하거나 쉴 수 있도록 꾸며 놓은 가게.

[kɔːfi] : 커피

supermarket
> 圆 식료품, 일용 잡화 따위를 갖추어 놓고 대량·염가·현금 판매를 원칙으로 하는 큰 소매점.

service senter
> 圆 소비자가 구입한 제품에 문제가 생겼을 때 제품을 수리하거나 점검을 받는 곳.

❷ 외래어 표기의 기본 원칙

· 외래어 shop[ʃɒp] / supermarket[suːpəmɑːkət]: 제1장 표기의 기본 원칙, 제3항의 규정을 적용 받는다.

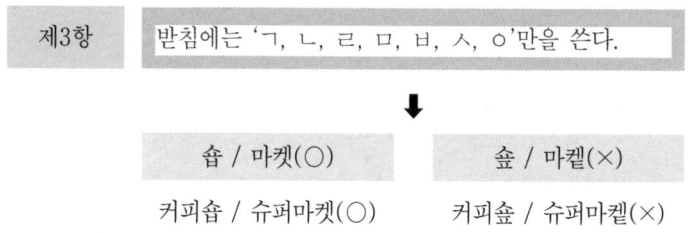

| 제3항 | 받침에는 'ㄱ, ㄴ, ㄹ, ㅁ, ㅂ, ㅅ, ㅇ'만을 쓴다. |

↓

숍 / 마켓(○)	숖 / 마켙(×)
커피숍 / 슈퍼마켓(○)	커피숖 / 슈퍼마켙(×)

· 외래어 service senter[sɜːrvis séntər]: 제1장 표기의 기본 원칙, 제4항＋
제2장 표기 일람표, '국제 음성 기호와 한글 대조표'의 규정을 적용
받는다.

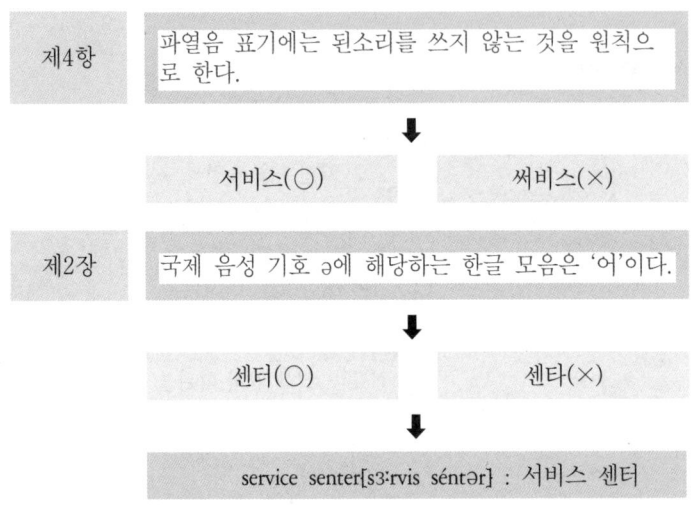

❸ 문제 풀이

· 모든 표기는 기본 원칙을 따라야 한다. 외래어 역시 마찬가지이다.
외래어의 표기에 가장 핵심적인 원칙은 제1항, 제3항, 제4항이다.

제1항	외래어는 국어의 현용 24 자모만으로 적는다.

※ 자음(14개): ㄱ, ㄴ, ㄷ, ㄹ, ㅁ, ㅂ, ㅅ, ㅇ, ㅈ, ㅊ, ㅋ, ㅌ, ㅍ, ㅎ
　모음(10개): ㅏ, ㅑ, ㅓ, ㅕ, ㅗ, ㅛ, ㅜ, ㅠ, ㅡ, ㅣ

· 외래어의 정확한 한글 표기를 위해 마련된 것이 '외래어 표기 일람
표'이다. 이는 국제 음성 기호를 자음, 반모음, 모음으로 크게 분류
한 뒤, 각각의 기호들이 어떤 한글 자모에 대응하는지 보여 준다.

· 위의 두 가지 기준에 따라, 'coffee shop'과 'supermarket', 'service senter'
의 바른 한글 표기는 각각 '커피숍', '슈퍼마켓', '서비스 센터'이다.

⇩

> · **동네마다 커피shop(숍)과 supermarket(슈퍼마켓)이 많다.**
> · **휴대폰 수리를 위해 service center(서비스 센터)를 방문했다.**

❹ 참고 자료

✎ 외래어 'shop'의 뒤에 아무 형태의 말이 오지 않을 경우, [숍]으로
발음 난다. 따라서 이를 '숍'이나 '숖'으로 표기할 수 있다. 다만, 현
실적으로 모음의 조사가 올 경우 [쇼비, 쇼븐, 쇼베 등]으로 발음을
하지 [쇼피, 쇼픈, 쇼페 등]으로 발음하지 않기 때문에 '숍'으로 표
기하는 것이 합리적이다.

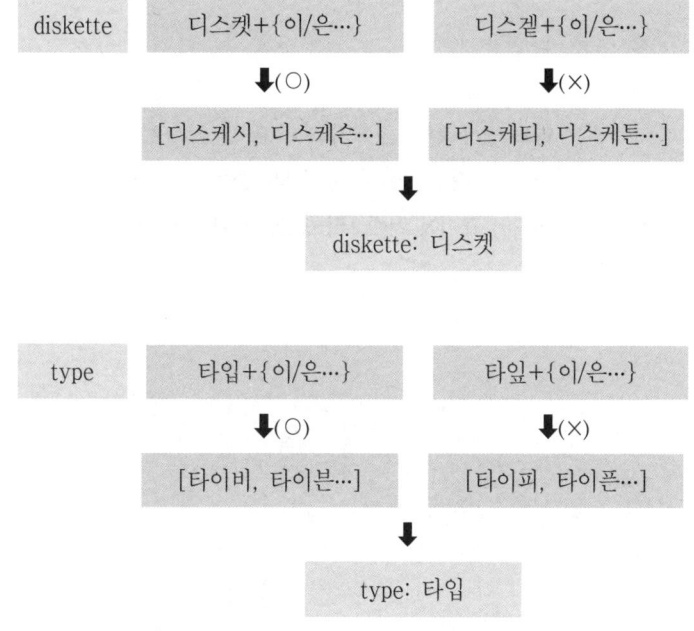

✎ 한편, 외래어의 받침에 'ㄷ'이 아닌 'ㅅ'을 사용하는 이유는 외래어 다음에 모음으로 시작하는 조사가 결합될 때에는 어말 자음이 'ㅅ'으로 바뀌는 특징이 있기 때문이다.

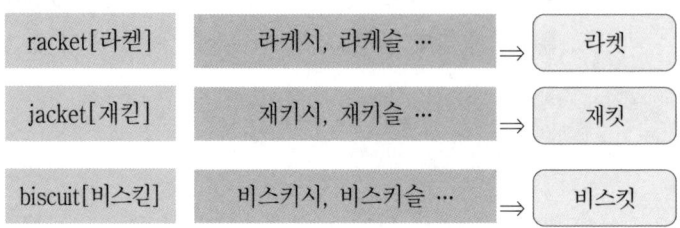

✎ 원칙적으로 된소리를 사용하지는 않지만 '껌, 빵, 빨치산' 등 관용적으로 굳어진 몇 가지 예외가 보인다. 또한 말레이·인도네시아어, 타이어, 베트남어 등 동남아시아어의 표기에서는 현실 발음에 충실한 표기를 위해 된소리 표기(푸껫, 호찌민 등)를 허용한다.

❺ 적용 및 활용

1. 영화 ticket(□□) 가격이 많이 상승했다.
2. 눈이 올 때는 bus(□□)나 지하철을 이용하는 것이 좋다.
3. 외래어 표기에 거센소리는 쓸 수 있어 cafe(□□)라 한다.

2.
· 코팅이 벗겨진 frypan은 위험하다.

· robot(로봇)과 robot(로보트)의 차이점은 무엇일까?

❶ 형태 · 의미적 특징

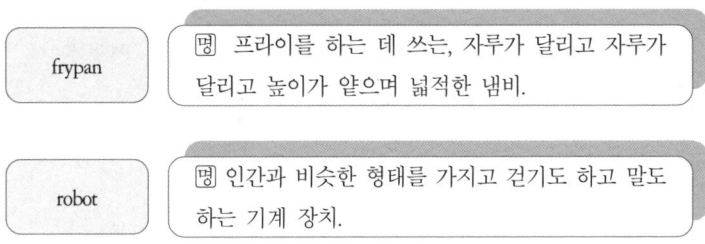

frypan
몡 프라이를 하는 데 쓰는, 자루가 달리고 자루가 달리고 높이가 얕으며 넓적한 냄비.

robot
몡 인간과 비슷한 형태를 가지고 걷기도 하고 말도 하는 기계 장치.

❷ 외래어 표기의 기본 원칙

· 외래어 frypan[fráipæn]: 제2장 표기 일람표, 국제 음성 기호와 한글 대조표의 규정을 적용 받는다.

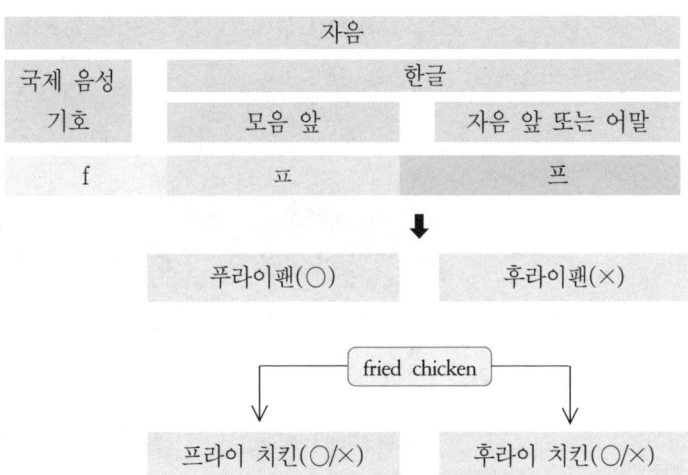

자음		
국제 음성 기호	한글	
	모음 앞	자음 앞 또는 어말
f	ㅍ	프

↓

푸라이팬(○)	후라이팬(×)

fried chicken

프라이 치킨(○/×)	후라이 치킨(○/×)

· 외래어 robot[rəʊbɒt]: 제3장 표기 세칙, 제1항의 규정을 적용 받는다.

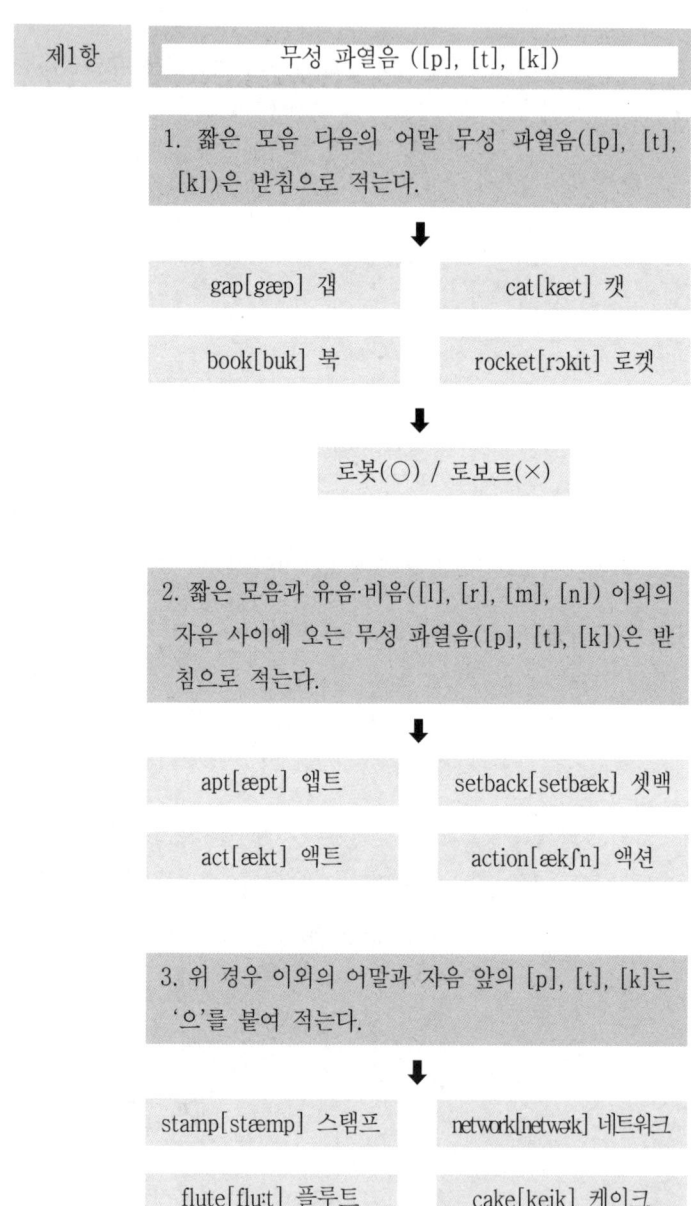

제1항

무성 파열음 ([p], [t], [k])

1. 짧은 모음 다음의 어말 무성 파열음([p], [t], [k])은 받침으로 적는다.

⬇

gap[gæp] 갭   cat[kæt] 캣

book[buk] 북   rocket[rɔkit] 로켓

⬇

로봇(○) / 로보트(×)

2. 짧은 모음과 유음·비음([l], [r], [m], [n]) 이외의 자음 사이에 오는 무성 파열음([p], [t], [k])은 받침으로 적는다.

⬇

apt[æpt] 앱트   setback[setbæk] 셋백

act[ækt] 액트   action[ækʃn] 액션

3. 위 경우 이외의 어말과 자음 앞의 [p], [t], [k]는 '으'를 붙여 적는다.

⬇

stamp[stæmp] 스탬프   network[netwək] 네트워크

flute[fluːt] 플루트   cake[keik] 케이크

❸ 문제 풀이

· 국제 음성 기호와 한글 대조표에 따르면, 외래어 [f] 발음은 한글의 '프', '프'에 대응한다. 따라서 외래어 frypan[fráipæn]의 정확한 한글 표기는 '프라이팬'이다. 이를 '후라이팬'이라 할 수 없다.

· 영어 발음의 표기 세칙에 따르면, 짧은 모음 다음에 오는 어말의 무성 파열음 [t]는 단독으로 발음하지 않고 앞 음절의 받침으로 붙여 적어야 한다. 외래어 robot[rəʊbɒt]의 어말 [t]가 이 환경에 있다. 따라서 '로보트'가 아닌 '로봇'으로 표기해야 한다.

⇩

> · 코팅이 벗겨진 frypan(프라이팬)은 위험하다.
> · robot(로봇)과 robot(로보트)의 차이점은 무엇일까?

❹ 참고 자료

✎ 외래어 [f]와 '프 / 프'의 대응 관계를 따르는 용례는 다음과 같다.

family / fighting / foil	패밀리 / 파이팅 / 포일

✎ 짧은 모음이 아닌 모음 뒤의 어말 [p], [t], [k]는 '으'를 붙여 적는다. 다음의 용례에 해당한다.

tape / date / make	테이프 / 데이트 / 메이크

❺ 적용 및 활용

1. 정전이 되어 flash(□□□)를 찾다.
2. 호텔 front(□□□)에서 방 열쇠를 받아 올라갔다.
3. 오늘 친구 생일을 맞아 초코 cake(□□□)을/를 샀다.

제9장

로마자 표기법 해설

로마자 표기법 규정

'외래어 표기법'이 외국어의 한글 표기와 관련한 규범이라면, '로마자 표기법'은 우리말을 다른 나라의 문자로 표기하는 규범이다. 현재 세계 여러 나라에서 널리 쓰이고 있는 '로마자'로 전환하는 규정이다.

1. 표기법의 기본 원칙

로마자 표기법의 제1장은 2개 항으로, 표기의 기본 원칙을 규정하고 있다.

제1항	국어의 로마자 표기는 국어의 표준 발음법에 따라 적는 것을 원칙으로 한다.

로마자 표기법의 기본 원칙 제1항은 표음주의에 대한 규정이다. 즉 실제 발음에 따라 표기해야 하는 것으로, 이를 '전사법'(轉寫法)이라 한다. 그러나 우리말의 원형을 밝혀 적어야 할 때에는 '전자법'(轉字法)으로 표기하는 것을 허용하고 있다. 이 두 가지 표기법의 차이는 다음과 같다.

	전사법	전자법	비고
설악	Seorak	Seolak	[서락] : 설악
신라	Silla	Sinla	[실라] : 신라

'전사법'에 의한 표기는 표준 발음인 [서락]과 [실라]에 기초한 것이다. 이 표기는 외국인들도 쉽게 읽을 수 있다는 장점이 있지만 그 원형을 복원하기 어렵다는 단점이 있다. 반면, '전자법'에 따른 표기는 한글 복원이 쉬운 반면 외국인들이 발음하기가 어렵다. 그러나 로마자 표기법이 외국인을 위한 표기라는 점을 전제한다면, '전사법'을 원칙으로 해야 한다.

제2항	로마자 이외의 부호는 되도록 사용하지 않는다.

로마자 표기법의 기본 원칙 제2항은 현행 표기법 이전에 사용하였던 여러 특수 부호를 사용하지 않는 것을 골자로 한다. 과거에는 한국어와 로마자가 다른 음운 체계를 지녀 로마자의 기호만으로는 우리말을 충분히 표기할 수 없어 반달표(ˇ), 어깻점(') 등의 부호를 사용하였다. 그러나 이들 기호의 표기가 쉽지 않을 뿐만 아니라 실효성도 크지 않아, 사용하지 않는다.

2. 모음 및 자음의 표기법

모음의 표기 일람

제1항 모음은 다음 각호와 같이 적는다.

1. 단모음

ㅏ	ㅓ	ㅗ	ㅜ	ㅡ	ㅣ	ㅐ	ㅔ	ㅚ	ㅟ
a	eo	o	u	eu	i	ae	e	oe	wi

2. 이중 모음

ㅑ	ㅕ	ㅛ	ㅠ	ㅒ	ㅖ	ㅘ	ㅙ	ㅝ	ㅞ	ㅢ
ya	yeo	yo	yu	yae	ye	wa	wae	wo	we	ui

[붙임 1] 'ㅢ'는 'ㅣ'로 소리 나더라도 ui로 적는다.
　　(보기) 광희문 Gwanghuimun

[붙임 2] 장모음의 표기는 따로 하지 않는다.

로마자 표기에서 주의해야 할 것은 단모음 'ㅓ, ㅡ'와 이중 모음 'ㅢ'이다. 모음 'ㅓ'와 'ㅡ'에 해당하는 로마자 'eo'와 'eu'의 발음이 다소 생소하게 느껴지기 때문이다. 이중 모음 'ㅢ'는 환경에 따라 다양한 발음으로 실현되지만,

212 제9장 로마자 표기법 해설

로마자 표기에서는 'ui' 한 가지로 통일하여 적는다. '광희문'의 실제 발음이 [광히문]이며, 로마자 표기법이 표음주의를 따른다는 원칙이라면 'Kwanghimun'으로 표기하는 것이 옳지만, 발음에 관계없이 'ㅢ'를 'ui'에 대응시켜 놓았다.

자음의 표기 일람

제2항 자음은 다음 각호와 같이 적는다.

1. 파열음

ㄱ	ㄲ	ㅋ	ㄷ	ㄸ	ㅌ	ㅂ	ㅃ	ㅍ
g, k	kk	k	d, t	tt	t	b, p	pp	p

2. 파찰음

ㅈ	ㅉ	ㅊ
j	jj	ch

3. 마찰음

ㅅ	ㅆ	ㅎ
s	ss	h

4. 비음

ㄴ	ㅁ	ㅇ
n	m	ng

5. 유음

ㄹ
r, l

[붙임 1] 'ㄱ, ㄷ, ㅂ'은 모음 앞에서는 'g, d, b'로, 자음 앞이나 어말에서는 'k, t, p'로 적는다([ ] 안의 발음에 따라 표기함.).

    (보기) 구미 Gumi   영동 Yeongdong   백암 Baegam
           옥천 Okcheon   합덕 Hapdeok   한밭 Hanbat

[붙임 2] 'ㄹ'은 모음 앞에서는 'r'로, 자음 앞이나 어말에서는 'l'로 적는다. 단 'ㄹㄹ'은 'll'로 적는다.

    (보기) 구리 Guri   설악 Seorak   칠곡 Chilgok   울릉 Ulleung

제10장

로마자 표기
용례

1.
- **부산**(Pusan), **대구**(Taegu), **광주**(Kwangju)**는 광역시이다.**

- **수인·분당선에 선릉**(Seolleung), **왕십리**(Wangsipri)**가 있다.**

❶ 형태 · 의미적 특징

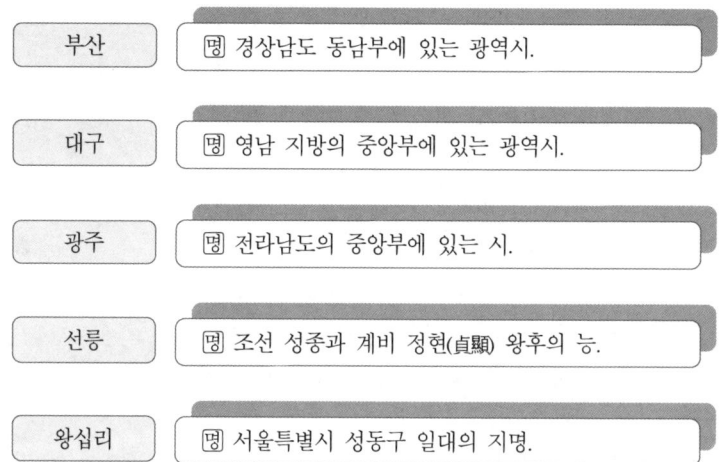

부산	명 경상남도 동남부에 있는 광역시.
대구	명 영남 지방의 중앙부에 있는 광역시.
광주	명 전라남도의 중앙부에 있는 시.
선릉	명 조선 성종과 계비 정현(貞顯) 왕후의 능.
왕십리	명 서울특별시 성동구 일대의 지명.

❷ 로마자 표기의 기본 원칙

· 부산, 대구, 광주: 로마자 표기법의 제2장 표기 일람표에 따라 정확
하게 표기할 수 있다. 이때, [붙임1]의 규정에 따라 'ㄱ, ㄷ, ㅂ'은 음
운 환경에 따라 로마자 표기가 달라지는 것에 유의해야 한다.

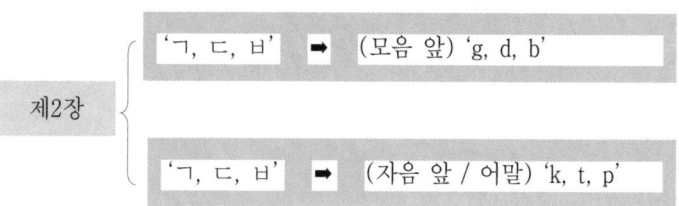

제2장
'ㄱ, ㄷ, ㅂ' ➡ (모음 앞) 'g, d, b'

'ㄱ, ㄷ, ㅂ' ➡ (자음 앞 / 어말) 'k, t, p'

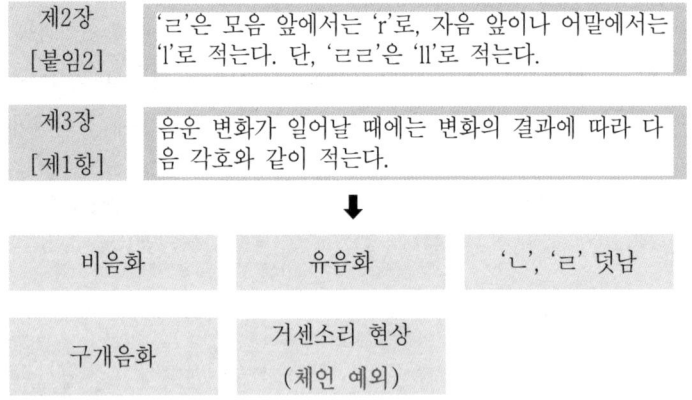

	[모음 앞]		[자음 앞 / 어말]	
ㄱ :	구미	Gumi	옥천 칠곡	Okcheon Chilgok
ㄷ :	영동	Yeongdong	벚꽃[벋꼳] 한밭[한받]	beotkkot Hanbat
ㅂ :	백암[배감]	Baegam	합덕[합떡] 호법	Hapdeok Hobeop

부산: Busan	대구: Daegu	광주: Gwangju

※ 로마자 표기법 제3장 '표기상의 유의점'의 제3항에 따라, 고유 명사는 첫 글자를 대문자로 적는다.

※ 로마자 표기법은 일반적으로 전사법(표준 발음법)에 따른다. 다만, 체언의 거센소리, 된소리되기, 이름에서의 음운 변화, 지명과 행정 구역 단위 사이의 음운 변화는 표기의 대상이 아니다.

· 선릉, 왕십리: 로마자 표기법의 제2장 표기 일람표와 제3장 표기상의 유의점, 제1항에 따라 정확하게 표기할 수 있다.

제2장 [붙임2]	'ㄹ'은 모음 앞에서는 'r'로, 자음 앞이나 어말에서는 'l'로 적는다. 단, 'ㄹㄹ'은 'll'로 적는다.
제3장 [제1항]	음운 변화가 일어날 때에는 변화의 결과에 따라 다음 각호와 같이 적는다.

비음화	유음화	'ㄴ', 'ㄹ' 덧남
구개음화	거센소리 현상 (체언 예외)	

| 선릉: [설릉] | 왕십리: [왕심니] |

↓

Seolleung	Wangsimni
ㅅ: S / ㅓ: eo / ㄹㄹ: ll	와: Wa / ㅇ: ng / ㅅ: s
ㅡ: eu / ㅇ: ng	ㅣ: i / ㅁ: m / ㄴ: n / ㅣ: i

❸ 문제 풀이

· 한글 각각의 자모에 대응하는 로마자를 숙지하는 것이 가장 중요하다. 모음에서는 'ㅓ:eo', 'ㅡ:eu', 'ㅢ[ㅣ]:ui'의 대응이 직관적이지 않아 주의해야 한다. 자음에서는 환경에 따라 'ㄱ, ㄷ, ㅂ'의 표기가 다르고, 유음 'ㄹ' 역시 환경에 따라 세 가지 표기가 나타나는 점이 특징적이다.

· 로마자 표기는 표기가 아닌 발음 형태를 기준으로 로마자로 변환한다. 따라서 표준 발음에 대한 지식도 필요하다. 다만, 된소리되기는 표기에 전혀 반영하지 않으며, 거센소리 현상은 체언에서만 반영하지 않는다.

· '부산, '대구', '광주'는 'ㅂ, ㄷ, ㄱ'이 모음 앞 환경에 나타나므로, 대문자 'B, D, G'로 표기하며, 나머지 자음과 모음은 일람표대로 적용하면 된다. '선릉'과 '왕십리'는 각각 유음화와 비음화의 음운 변화 결과 [설릉], [왕심니] 표기에 대한 로마자 변환을 진행하면 된다.

⇩

· 부산(Busan), 대구(Daegu), 광주(Gwangju)는 광역시이다.
· 수인·분당선에 선릉(Seolleung), 왕십리(Wangsimni)가 있다.

❹ 참고 자료

✎ 이중 모음 중, 'ㅢ'가 [ㅣ]로 소리 나더라도 'ui'로 적는 예는 다음과
같다.

| 광희문[광히문] | Ganghuimun | ~~Ganghimun~~ |

✎ 거센소리 현상 중, 체언에 나타나는 경우 표기에 반영하지 않는 사
례는 다음과 같다.

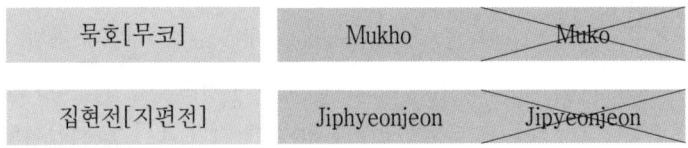

| 묵호[무코] | Mukho | ~~Muko~~ |
| 집현전[지편전] | Jiphyeonjeon | ~~Jipyeonjeon~~ |

❺ 적용 및 활용

1. **경복궁**은 조선시대의 법궁이다.
2. **독립문**을 음운 변화시킨 후, 로마자로 표기해보자.
3. 강원도의 영서와 영동을 구분하는 것은 **대관령**이다.

2. { · **청량리**에서 **김복남** 선생님을 뵙기로 했다.

{ · **한국** 음식 문화의 대표는 **김치**, 운동은 **태권도**이다.

❶ 형태·의미적 특징

| 청량리 | 圀 서울특별시 동대문구 일대의 지명. |

| 김치 | 圀 소금에 절인 배추나 무 따위를 고춧가루, 파, 마늘 따위의 양념에 버무린 뒤 발효를 시킨 음식. |

| 태권도 | 圀 우리나라 고유의 전통 무예를 바탕으로 한 운동. 또는 그 경기. |

❷ 로마자 표기의 기본 원칙

· 청량리: 로마자 표기법의 제2장 표기 일람표에 따라 정확하게 표기할 수 있다. 그리고 제3장 표기상의 유의점, 제1항 음운 변화 결과를 따라야 한다.

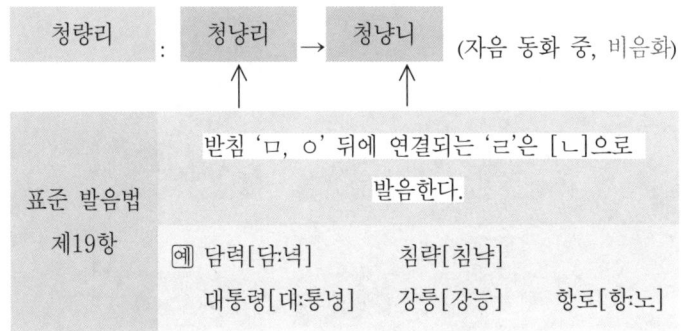

| 청량리 | : | 청냥리 → 청냥니 | (자음 동화 중, 비음화) |

표준 발음법 제19항	받침 'ㅁ, ㅇ' 뒤에 연결되는 'ㄹ'은 [ㄴ]으로 발음한다.
	圀 담력[담ː녁] 침략[침냑]
	대통령[대ː통녕] 강릉[강능] 항로[항ː노]

· 인명: 인명 관련 로마자 표기는 제3장 표기상의 유의점, 제4항을 적용 받는다.

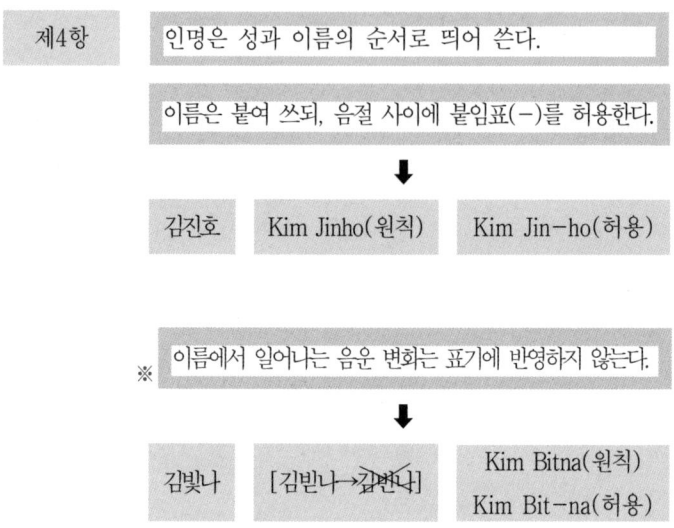

제4항

인명은 성과 이름의 순서로 띄어 쓴다.

이름은 붙여 쓰되, 음절 사이에 붙임표(-)를 허용한다.

김진호   Kim Jinho(원칙)   Kim Jin-ho(허용)

※ 이름에서 일어나는 음운 변화는 표기에 반영하지 않는다.

김빛나   [김빈나→김변나]   Kim Bitna(원칙)
                              Kim Bit-na(허용)

· 김치, 태권도: 로마자 표기법 제2장 표기 일람표에 따라 표기할 수 있다. 다만, 2000년 개정된 로마자 표기법 이전 표기도 허용한다.

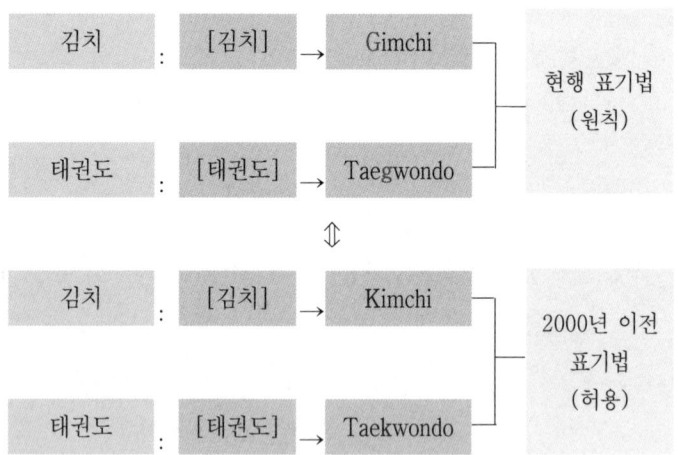

김치   :   [김치]   →   Gimchi

태권도   :   [태권도]   →   Taegwondo

현행 표기법
(원칙)

⇕

김치   :   [김치]   →   Kimchi

태권도   :   [태권도]   →   Taekwondo

2000년 이전
표기법
(허용)

❸ 문제 풀이

· '청량리'는 비음화의 음운 변화를 거친 [청냥니]에 해당하는 로마
자로 전환한다.

	ㅊ	ㅓ	ㅇ	ㄴ	ㅑ	ㅣ
로마자	Ch	eo	ng	n	ya	i

※ [냥]의 'ㅇ'과 [니]의 'ㄴ'은 중복되어 생략한다.

· '김복남'은 이름의 음운 변화를 반영하지 않기에 [김복남]에 해당하
는 로마자로 전환한다.

	ㄱ	ㅣ	ㅁ	ㅂ	ㅗ	ㄱ	ㄴ	ㅏ	ㅁ
로마자	K	i	m	B	o	k	n	a	m

· '김치'와 '태권도'는 [김치/태권도]에 해당하는 로마자로 전환한다.
단, 이전 로마자 표기 형태도 허용한다.

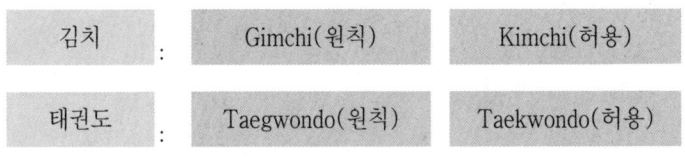

김치	:	Gimchi(원칙)	Kimchi(허용)
태권도	:	Taegwondo(원칙)	Taekwondo(허용)

⇩

· **청량리**(Cheongnyangni)**에서 김복남**(Kim Boknam) **선생님을
뵙기로 했다.**
· **한국 음식 문화의 대표는 김치**(Gimchi/Kimchi)**, 운동은 태
권도**(Taegwondo/Taekwondo)**이다.**

❹ 참고 자료

✎ 한 단어인 '청량리'는 음운 변화 이후 로마자로 표기한다. 그러나 행정 구역 단위인 '리'(ri)가 결합하는 경우에는 음운 변화를 표기에 반영하지 않음에 주의해야 한다.

| 인왕리 | : | Inwang-ri | [인왕니] Inwangni |

✎ 현행 국어의 로마자 표기법은 2000년 7월에 개정되었다. 그런데 표기법 개정 이전 사용하였던 인명, 회사명, 단체명 등은 그 이전 표기를 계속 사용할 수 있게 하였다.

| 삼성 | : | Samsung | | 현대 | : | Hyundai |

❺ 적용 및 활용

1. 강릉의 경포 해변은 해돋이 장소로 유명하다.
2. 가천대학교는 성남시 수정구 성남대로 1342에 있다.
3. 성씨 '이'를 로마자로 표기하는 방법은 '□'/'□□□'이다.

제11장

적용 및 활용 풀이

한글 맞춤법/표준어 용례 1. '갈게/갈께'

1. 나는 너만 생각할께(→생각할게).
2. 영원토록 너만을 사랑할게.
3. 그녀가 있을 때 좀 더 잘해 줄껄(→잘해 줄걸).

한글 맞춤법/표준어 용례 2. '강낭콩/강남콩'

1. 강남콩(→강낭콩)을 까다.
2. 아이들은 콩류의 하나인 강낭콩을 잘 먹지 않는다.
3. '강남콩(×)/강낭콩' 중 옳은 표현이 무엇인지 관심이 모아졌다.

한글 맞춤법/표준어 용례 3. '게양대/계양대'

1. 곳곳에 있는 국기 '계양대'(→게양대)에 태극기가 걸려 있다.
2. 학과 사무실 계시판(→게시판)의 공지 사항을 잘 살펴야 한다.
3. 그 두 사람은 서로 입에 게거품을 물고 논쟁을 하고 있다.

한글 맞춤법/표준어 용례 4. '금세/금새'

1. 행사장은 밀려온 인파로 금세 가득 채워졌다.
2. 요새 날마다 일찍 일어나 아침 산책을 다닌다.
3. 삼삼오오 모이는 관객들로 무대 앞은 금새(→금세) 가득 찬다.

한글 맞춤법/표준어 용례 5. '깍두기/깍뚜기/깍둑이'

1. 탕 음식에는 역시 깍뚜기/깍둑이(→깍두기)가 최고야.
2. 방학을 앞두고 교실 안이 떠들썩하다.
3. 어찌나 조용한지 똑딱똑딱 시계 소리가 크게 들릴 정도이다.

한글 맞춤법/표준어 용례 6. '깡총깡총/깡충깡충'

1. 부부는 쌍동이(→쌍둥이)를 원했다.
2. 길거리에 함부로 침을 뱉아서는(→뱉어서는) 안 된다.
3. '사둔(→사돈), 삼춘(→삼촌), 부주(→부조)' 등은 어원을 의식하여 적어야 돼.

한글 맞춤법/표준어 용례 7. '꼽다/꽂다'

1. 서가에 책을 꼽다(→꽂다).
2. 이번 추석 연휴가 얼마 남았는지 꼽아 보렴.
3. 외출할 때에는 전원 콘센트에 꽂힌 플러그를 뽑아라.

한글 맞춤법/표준어 용례 8. '낫다/낳다'

1. 감기 빨리 낳으세요(→나으세요).
2. 백지장도 맞드는 것이 낳습니다(→낫습니다).
3. 시골 마을의 굴뚝에서 연기가 낫다(→났다).

한글 맞춤법/표준어 용례 9. '너머/넘어'

1. 산 넘어 산이다.
2. 산 너머 마을에 가려면 이 산을 너머야(→넘어야) 한다.
3. 그는 김치 만드는 법을 어깨넘어(→어깨너머)로 배우게 되었다.

한글 맞춤법/표준어 용례 10. '넝쿨/덩굴/덩쿨'

1. 가시덩쿨(→가시덩굴)에 긁혀 피가 난다.
2. 호박 넝쿨에 달린 애호박을 따서 요리를 하다.
3. 봉숭아와 봉선화는 표준어이지만 봉숭화는 비표준어이다.

한글 맞춤법/표준어 용례 11. '눈곱/눈꼽', '배곱/배꼽'

1. 세수하면서 눈꼽(→눈곱)을 닦았다.
2. 그의 농담에 배꼽을 쥐고 웃었다.
3. '배꼽'은 [배꼽]으로, '눈곱'은 [눈꼽]으로 발음한다.

한글 맞춤법/표준어 용례 12. '되-/돼'

1. 안 돼는(→되는) 것은 안 돼는(→되는) 것입니다.
2. 이 문제는 이렇게 이렇게 풀면 되요(→돼요).
3. 가: 몇 사람 필요해? – 나: 응. 한 사람이면 되(→돼).

한글 맞춤법/표준어 용례 13. '들르다/들리다'

1. 도서관에 들렸다가(→들렀다가) 우연히 친구를 만났다.
2. 밤에 천둥소리가 들렸다가 아침에는 날이 맑게 개었다.
3. 양손에 짐이 들려('들다'의 피동) 대문을 열 수 없으니 네가 좀 열어 줘.

한글 맞춤법/표준어 용례 14. '(으)로서/(으)로써'

1. 현재로서 우리가 할 수 있는 일은 없다.
2. 외국인 유학생으로써(→으로서) 부끄럽지 않게 생활하겠습니다.
3. 신재생 에너지 비중을 높임으로서(→으로써) 환경을 보호해야 한다.

한글 맞춤법/표준어 용례 15. '맞히다/맞추다'

1. 퀴즈의 정답을 맞추는(→맞히는) 분에게 선물을 드립니다.
2. ○○○, 세계대회에서 금빛 과녁을 맞히다.
3. 그는 일과 삶의 균형을 맞추다.

한글 맞춤법/표준어 용례 16. '먹거리/먹을거리'

1. 깨끗한 식품환경과 친환경 먹거리 문화를 정립하자.
2. 볼거리, 놀거리, 먹을거리 가득한 축제를 즐기다.
3. ○○농업학교 미래 먹거리 책임질 일군 키운다.

한글 맞춤법/표준어 용례 17. '몇일/며칠'

1. 우리 다음 달 몇일날(→며칠날) 만나?
2. 몇일(→며칠) 동안 어디에 있었어?
3. 할아버지의 제삿날이 며칠날이지?

한글 맞춤법/표준어 용례 18. '받치다/받히다'

1. 두 손을 머리에 받치고 누웠다.
2. 충무공은 나라를 위해 목숨을 바쳤다.
3. 그녀는 설움이 받혀서(→받쳐서) 목메어 울었다. *받치다: 속에서 어떤 기운이 치밀어 오르는 것

한글 맞춤법/표준어 용례 19. '벌리다/벌이다'

1. 집에서 친구의 생일 파티를 벌였다.
2. 책상 위에 벌려(→벌여) 놓은 책을 치우고 공부하자.
3. 아이는 두 손을 벌려 과자를 조심스레 받아먹었다.

한글 맞춤법/표준어 용례 20. '부치다/붙이다'

1. 책에 메모한 내용을 붙이다.
2. 시골에 계시는 부모님께 용돈을 부쳤다.
3. 비가 오는 날씨에는 항상 부침개를 붙여(→부쳐) 먹었다.

한글 맞춤법/표준어 용례 21. '빌어/빌려'

1. 친구 집에서 밥을 빌려먹다(→빌어먹다).
2. 여우가 호랑이의 위세를 빌어(→빌려) 호기를 부린다.
3. 국민들의 힘을 빌어(→빌려) 이 위기를 극복하고자 합니다.

한글 맞춤법/표준어 용례 22. '삼가다/삼가하다'

1. 제발 '삼가해'를 삼가세요.
2. 실내에서는 흡연을 삼가 주십시오.
3. 웃어른 앞에서는 흡연을 삼가해야(→삼가야) 합니다.

한글 맞춤법/표준어 용례 23. '싣다/실다'

1. 화물차에 짐을 싣어(→실어) 옮기다.
2. 얼굴에 웃음을 가득 실고(→싣고) 있었다.
3. 교내 홈페이지에 작년 입시 결과를 실어 제공하다.

한글 맞춤법/표준어 용례 24. '썩다/섞다'

1. 이빨이 쎡어(→썩어) 병원에 갔다.
2. 물과 기름은 잘 섞이지 않는다.
3. 주말에는 정원의 잔디를 기계로 깎았다(→깎았다).

한글 맞춤법/표준어 용례 25. '쏘이다/쐬어/쏘여'

1. 바람을 쐐다(→쐬다).
2. 산에서 말벌에 쐬였다(→쏘였다/쐬었다).
3. 공부하다가 힘들면 바람이나 좀 쐐. * 쐐: 쐬+어.

한글 맞춤법/표준어 용례 26. '알맞은/알맞는'

1. 자신에게 알맞는(→알맞은) 투자 방법을 개발하라.
2. 다음 중 보기의 내용으로 알맞지 않는(→않은) 것은?
3. '네 말이 맞다'의 올바른 표기는 '네 말이 맞는다'이다.

한글 맞춤법/표준어 용례 27. '어이없다/어의없다'

1. "방귀 뀐 놈이 성낸다더니 어의가 없네(→어이가 없네)."
2. 세상에는 정말 이해할 수 없는 어이없는 일도 많다.
3. 이해하기 어려울 만큼 황당한 일이 벌어지면 보통 '어이없다, 어처
   구니 없다(→어처구니없다)'라는 관용적 표현을 사용한다.

한글 맞춤법/표준어 용례 28. '에/옛'

1. 예(로)부터 내려온 이야기가 많다.
2. 박물관에 옛스러운(→예스러운) 모양의 도자기가 있다.
3. 예날(→옛날) 할머니께서 이야기를 많이 해 주셨다.

한글 맞춤법/표준어 용례 29. '왜/웬/왠지'

1. 청소하다가 만 원을 줍다니 이게 웬 횡재냐?
2. 매일 보는 그가 오늘 웬지(→왠지) 멋있어 보인다.
3. BTS, "왠만해선(→웬만해선) 그들을 막을 수 없다."

한글 맞춤법/표준어 용례 30. '-으므로/-음으로'

1. 당신이 있음으로(→있으므로) 내가 있다.
2. 그는 부지런하므로 성공할 것이다.
3. 형은 열심히 일하므로써(→일함으로써) 삶의 보람을 느낀다.

한글 맞춤법/표준어 용례 31. '이예요/이에요'

1. 이것은 책이예요(→책이에요).
2. 이것은 나무예요(→나무예요).
3. 이것은 책상이 아니에요/아녜요.

한글 맞춤법/표준어 용례 32. '있음/있슴'

1. 맞춤법 실수 있읍니다(→있습니다).
2. 세상에 공짜는 없습니다.
3. 관련 있슴(→음) 38.0% 관련 없슴(→음) 34.9% 등으로 응답했다.

한글 맞춤법/표준어 용례 33. '조리다/졸이다'

1. 거리로 생선 조리는 냄새가 났다.
2. 돼지고기를 간장에 조려서 졸임(→조림)을 만들었다.
3. 내일 발표를 잘 할 수 있을까 마음을 조렸다(→졸였다).

한글 맞춤법/표준어 용례 34. '짜집기/짜깁기'

1. 그들은 대화 일부를 짜집기(→짜깁기)한 녹취록을 제출했다.
2. 어머니께서는 무릎 부분이 찢어진 청바지를 짜기워 주셨다.
3. 검색 엔진을 접목한 e러닝 '짜깁기' 리포트 자동으로 거른다.

한글 맞춤법/표준어 용례 35. '치르다/치루다'

1. 어제 학교에서 축제를 치루다(→치르다).
2. 시험을 치른 학생들에게 무료입장권을 준다.
3. 한국 대표팀은 항저우에서 중국과 4강전을 치르었다(→치렀다).

한글 맞춤법/표준어 용례 36. '통째(로)/통채(로)'

1. 남은 용돈을 송두리채(→째) 다 썼다.
2. 그는 깡충깡충 뛰는 토끼를 산 채로 잡았다.
3. 나는 뒷짐을 진 체(→채) 공부하는 그를 모른 척했다.

한글 맞춤법/표준어 용례 37. '해님/햇님'

1. 점심으로 만두국(→만둣국), 북어국(→북엇국), 순대국(→순댓국) 어때?
2. '인사말'과 '머리말'은 주의해 표현할 단어이다.
3. '초점, 개수'와 '싯가(→시가)'는 모두 한자어로 된 합성어다.

한글 맞춤법/표준어 용례 38. '홀몸/홑몸'

1. 그는 처자식이 없는 홀몸 신세이다.
2. 우리 동아리는 홀몸 노인을 도와드리고 있다.
3. 그녀는 결혼한 지 5년이 지났으나 애가 없는 홀몸(→홑몸)이다.

띄어쓰기 용례 1. '같이/같은'

1. 너같은(→너√같은) 학생은 처음 본다.
2. 선생님이 하는 것 같이(→것같이) 따라 하세요.
3. 우리 모두 다 같이 힘을 합해 노력하자.

띄어쓰기 용례 2. '에서만/에서부터는'

1. 10번까지는 쉬운 문제이다.
2. 너 에게까지(→너에게까지) 갈 혜택이 없다.
3. 여기까지 만이라도(→여기까지만이라도) 입장해 주세요.

띄어쓰기 용례 3. '-는 데/-는데'

1. 이 접시는 손님을 접대하는 데나 쓴다.
2. 친구를 돕는데에(→돕는√데에) 남녀가 어디 있겠습니까?
3. 선생님이 그럴 분이 아니신 데(→아니신데) 실수를 하셨네.

표준 발음 용례 1. '헛웃음/맛있다'

1. 제9항에 따라, '웃'의 표준 발음은 '[욷]'이다.
2. 제13항에 따라 '웃이'의 표준 발음은 '[오시]'이다.
3. 제15항에 따라 '웃 안'의 표준 발음은 '[오단]'이다.

표준 발음 용례 2. '여덟/흙'

1. '닭이'의 표준 발음은 [달기]이다.
2. 겹받침 '넓다'는 [널따], '맑다'는 [막따]로 발음 난다.
3. "지금 갈게."의 밑줄 친 부분의 표준 발음은 [갈께]이다.

표준 발음 용례 3. '의'

1. '서울의 명소'를 발음하면 '[서울의/에] 명소'이다.
2. 시험을 볼 때는 '주의[의/이] 사항'을 잘 읽어야 한다.
3. 한글 맞춤법의 '띄어쓰기[띠어쓰기]' 규정은 정말 복잡하다.

외래어 표기 용례 1. '숍/숖', '마켓/마켙', '센터/센타'

1. 영화 ticket(티켓) 가격이 많이 상승했다.
2. 눈이 올 때는 bus(버스)나 지하철을 이용하는 것이 좋다.
3. 외래어 표기에 거센소리는 쓸 수 있어 cafe(카페)라 한다.

외래어 표기 용례 2. '푸/후라이팬', '로봇/로보트'

1. 정전이 되어 flash(플래시)를 찾다.
2. 호텔 front(프론트)에서 방 열쇠를 받아 올라갔다.
3. 오늘 친구 생일을 맞아 초코 cake(케이크)을/를 샀다.

로마자 표기 용례 1. '부산/대구/광주', '선릉/왕십리'

1. 경복궁(Gyeongbokgung)은 조선시대의 법궁이다.
2. 독립문(Dongnimmun)을 음운 변화시킨 후, 로마자로 표기해보자.
3. 강원도의 영서와 영동을 구분하는 것은 대관령(Daegwallyeong)이다.

로마자 표기 용례 2. '청량리/김복남', '김치/태권도'

1. 강릉(Gangneung)의 경포 해변은 해돋이 장소로 유명하다.
2. 가천(Gachon)대학교는 성남시 수정구 성남대로 1342에 있다.
3. 성씨 '이'를 로마자로 표기하는 방법은 'I'/'Lee'이다.

참고 문헌

참고 문헌

강희숙, 2003, 『국어 정서법의 이해』, 역락.

강희숙, 2007, 『시로 읽는 국어 정서법』, 글누림.

고영근, 1987, 『표준 중세국어문법론』, 탑출판사.

고창운, 2006, 『한글 맞춤법 해설과 이해』, 경진문화사.

국립국어연구원, 2001, 『국어연구원에 물어 보았어요』-국어 생활 질의응답 자료집(일반용)-, 국립국어연구원.

김남미, 2020, 『더 맞춤법』, 태학사.

김정태, 2005, 『한글맞춤법의 이해와 실제』, 충남대학교출판부.

김주미, 2005, 『현대인의 바른 국어 생활』, 경진문화사.

김진규, 2005, 『맞춤법과 표준어』, 공주대학교출판부.

김진호, 2012, 『생활 속 글쓰기의 어문규범』, 박이정.

김진호, 2022, 『한국어 어문 규범』, 박이정.

김진호, 2025, 『한국어 어문 규범의 이해와 평가』, 국학자료원.

나찬연, 2002, 『한글 맞춤법의 이해』, 월인.

남기심·고영근, 1993, 『표준국어문법론』(개정판), 탑출판사.

남영신, 2002, 『나의 한국어 바로 쓰기 노트』, 까치.

남태현, 1999, 『새한글 맞춤법 띄어쓰기와 교정의 실제』, 연암출판사.

리의도, 2004. 『이야기 한글 맞춤법』(다듬판), 석필.

리의도, 2005, 『올바른 우리말 사용법』, 예담.

문교부, 1988, 『국어 어문 규정집』, 대한교과서주식회사.

미승우, 2000, 『새 맞춤법과 교정의 실제』, 어문각.

박갑수, 1994, 『올바른 언어생활』, 한샘출판사.

박종덕, 2008, 『한글 맞춤법 연구』, 파미르.

서덕주, 2013, 『한글 맞춤법과 어법』, 형설.

성기지, 1997, 『맞춤법 사슬을 풀어주는 27개의 열쇠』, 박이정.

성기지, 2000, 『생활 속의 맞춤법 이야기』, 역락.

신승용·안윤주, 2022, 『맞춤법하고 싶은 맞춤법』, 역락.

신창순, 1992, 『국어정서법연구』, 집문당.

연규동, 1998, 『통일시대의 한글맞춤법』, 박이정.

유태영, 2007, 『한글 맞춤법』, 신구문화사.

이관규 외 4인, 2012, 『차곡차곡 익히는 우리말 우리글』 1·2, 박이정.

이선웅, 2002, 『우리말 우리글 묻고 답하기』, 태학사.

이선웅·정희창, 2010, 『우리말 우리글 묻고 답하기』, 태학사.

이성구, 2004, 『띄어쓰기 사전』, 국어닷컴.

이성복, 2003, 『우리말 바른 표기』, 세창미디어.

이승구, 2001, 『띄어쓰기 편람』, 대한교과서주식회사.

이은정, 1988, 『한글맞춤법 표준어 해설』, 대제각.

이익섭, 2000, 『국어학개설』(재판), 학연사.

이익섭, 2002, 「띄어쓰기의 현황과 전망」, 『새국어생활』, 12-1, 국립국어연구원.

이종운, 2006, 『국어의 맞춤법 표기』, 세창출판사.

이진호, 2012, 『한국어의 표준 발음과 현실 발음』, 아카넷.

이현복, 1997, 『한글 맞춤법 무엇이 문제인가』, 태학사.

이희승·안병희, 1989,『한글맞춤법 강의』, 신구문화사.

조영희, 1988,『새 한글맞춤법 띄어쓰기의 이론과 실제』, 신아출판사.

정경일, 2012,『국어 로마자표기의 오늘과 내일』, 역락.

정경일, 2016,『외래어 표기법』, 커뮤니케이션북스.

정희원, 2000,「새 로마자 표기법의 특징」,『새국어생활』10-4, 국립국어연구원.

최병선, 2005,『좋은 글의 시작 올바른 맞춤법』, 동광출판사.

최병선, 2009,『교양의 조건 한글 맞춤법』, 역락.

최윤곤·김성주, 2013,『한국어 어문 규정 입문』, 한국문화사.

한재영·안병희 외, 2018,『보정 한글 맞춤법 강의』, 신구문화사.